알맹이
국어
핵심만 쏙 뽑은
테마노트

333^{테마}

시대고시기획

핵심만 쏙 뽑은 테마노트

알맹이 국어 333 테마

초판2쇄 발행일	2020년 3월 20일
초판2쇄 인쇄일	2020년 2월 11일
초판인쇄일	2019년 1월 14일

발 행 인	박영일
책 임 편 집	이해욱
편 저	이경복

책 임 기 획	문형석
편 집 진 행	민선홍 · 김도현
표지디자인	박종우
편집디자인	김경원

발 행 처	(주)시대고시기획
출 판 등 록	제10-1521호
주 소	서울시 마포구 큰우물로 75 [도화동 538 성지B/D] 9F
전 화	1600-3600
팩 스	02-701-8823
홈 페 이 지	www.sidaegosi.com

I S B N	979-11-254-5411-3(13350)

가 격	18,000원

이 책을 펴내며...

한국인의 전통적인 행운의 숫자는 3입니다. 그런 행운과 염원을 담아서 공무원 국어 시험 대비 요약 알맹이 국어 333 테마를 출간하였습니다. 시험 출제가 예상되는 필수 핵심 이론을 333선의 테마로 정리하였습니다. 이 책은 기본 이론 과정에서 방대한 학습 내용을 간략하게 요약 정리할 수도 있고 시험 직전 총정리용으로 최종 점검 마무리할 수도 있습니다.

국어 공부는 이해하고 암기하고 반복하는 3단계의 학습이 필요합니다. 정리가 잘 되어 있는 좋은 교재를 가지고 공부하는 것도 중요한 선택입니다. 이 책은 필기 노트식의 요약집으로써 이해하고 암기하고 반복하는 3단계 학습에 최적화되어 있습니다.

공무원 국어 요약집인 이 책은 앞으로 저에게 많은 과제를 남겨 줍니다. 최고가 되기보다는 최선을 다해 진심으로 매 순간 열정으로 강의하고 도전하는 청춘들을 합격으로 이끌어 줄 수 있는 선생님이 되어야 한다는 사명감을 만들어줍니다. 꿈을 품고 도전하는 청춘들에게 최고의 국어 강의를 바치고 싶습니다.

모쪼록 이 책이 많은 도전하는 청춘들에게 도움이 되기를 바랍니다. 힘내십시오. 인생은 도전하는 자의 몫입니다. 벼랑 끝에 배수진을 치고 간절하게 살아야 합니다. 간절하면 정말 이루어집니다. 합격은 간절한 자의 몫입니다. 여러분의 합격을 진심으로 기원합니다.

끝으로 이 책을 출간하게 해 주신 많은 분들에게 감사의 마음을 전합니다.

알맹이 이경복 씀

한눈에 보는 **알맹이 333 테마**

no.	테 마	no.	테 마
001	단어의 갈래(품사)	043	외래어 표기 주요 원칙
002	보조용언	044	수사돈, 암사돈, 밭사돈, 안사돈
003	조사	045	반증, 방증
004	로마자 표기법	046	모음조화
005	다의어와 동음이의어	047	-므로, 으로(써)
006	'되'와 '돼'의 구별	048	-까, -꼬, -쏘냐
007	의존명사	049	준말만이 표준어
008	조사의 특성	050	사동과 피동
009	자음과 모음의 사전 등재 순서	051	본말과 준말이 모두 표준어
010	선어말 어미	052	부사어와 서술어의 호응
011	언어의 자의성	053	'ㄹ 형태' 어미를 잘못 쓰는 경우
012	보조사의 종류와 쓰임	054	주의해야 할 복수표준어
013	늘이다, 늘리다	055	ㄱ 받침 주의 표준어
014	'썩이다, 돋구다, 왠지' 한정적 사용	056	한글 맞춤법 제40항
015	부사화 접미사 '이, 히'의 구별	057	결제, 결재
016	매개모음 '으'	058	햇빛, 햇볕, 햇살
017	합성어와 파생어	059	임신부, 임산부
018	음절의 끝소리 규칙	060	담금질, 단근질
019	겹받침의 발음	061	한글 맞춤법 제5항, 제13항
020	맞히다, 맞추다	062	量 량(양), 欄 란(난), 龍 룡(용), 陵 릉(능)
021	뒤처지다, 뒤쳐지다	063	매무시, 매무새
022	추돌, 충돌	064	종성법(받침 표기)의 변천
023	에, 에게	065	원음의 한자어를 버린 경우
024	주의해야 할 한자어	066	녘 – 띄어쓰기 주의
025	주의해야 할 맞춤법 표기	067	국어 순화어 Best 20
026	요, 오, 요	068	칸
027	개정 문장부호 규정 핵심 Best 10	069	'ㅏ' 형태 표준어
028	창피하다, 희한하다, 착잡하다	070	가름, 갈음, 가늠
029	음식이름 – 표준어	071	올바른 어법 예제 모음
030	만은, 마는	072	외국어 번역 투 – 우리말답지 않은 표현
031	받침 'ㄲ(쌍기역)' 표준어	073	합성어의 종류
032	-박이, -배기, -빼기	074	고전산문의 장르
033	'ㅔ' 형태 표준어	075	주의해야 할 표준어
034	잇따르다, 잇달다	076	시조의 형성과 발전
035	자문	077	열두째, 열둘째
036	의미의 중복	078	'윗(위)'과 '웃'의 구별
037	쌍동밤, 총각무	079	독서의 종류
038	음운	080	인물의 성격 제시 방법
039	접미사 '-적(的)'이 붙는 말의 품사	081	안갚음, 앙갚음
040	훈민정음 제자원리	082	같다, 다르다
041	보조용언 '않다, 못하다'의 품사 구별	083	'아이' 관련 표준어
042	적절한 어휘의 선택 Best 15	084	연음 법칙

no.	테 마	no.	테 마
169	의존명사 '지'	211	소설의 인물
170	눈꺼풀, 눈까풀	212	소설의 시점
171	벌이다, 벌리다, 버리다, 벼리다, 벼르다	213	평면적 구성과 입체적 구성
172	조개껍질, 조개껍데기	214	찌푸리다, 연거푸
173	−거리, −지거리, 치다꺼리	215	한글 맞춤법 제19항, 제20항
174	의문문	216	한자성어 − 친구의 사귐
175	직접 명령문과 간접 명령문	217	한자성어 − 무척 위태로운 일의 형세
176	기본형에 '하'가 없는 단어	218	'ㅐ' 표기 주의해야 할 단어
177	알다시피, 같아	219	정의의 공식
178	2음절 주요 고유어	220	언어의 의미 변화 − 확대, 축소, 이동
179	뒤웅박	221	부치다, 붙이다
180	시의 심상	222	'ㅎ'의 발음
181	주의해야 할 복수표준어	223	한자어 관용어구 주의해야 할 표기
182	보다	224	용언의 명사형과 파생명사
183	잠의 종류	225	한자성어 − 효도
184	소설의 구성 단계	226	자음과 모음의 체계
185	속담과 관련된 한자성어 ①	227	언어와 사고
186	사동접사 '이'와 결합할 수 없는 용언	228	연역추론, 귀납추론, 변증법적 추론
187	품사와 문장성분 구별	229	사전에 등재된 하나의 단어
188	미지칭과 부정칭	230	시나리오 특수 용어
189	고전소설과 현대소설의 차이점	231	추론의 오류 유형 Best 7
190	단위어	232	분류와 구분/분류와 분석
191	의식의 흐름 기법	233	날다, 나르다
192	갱신, 경신	234	−장이, −쟁이
193	시아버지와 시어머니의 호칭	235	사동의 의미를 지닌 동사
194	희곡과 시나리오의 비교	236	선경후정
195	'−' 형태가 표준어인 경우	237	지그시/지긋이, 반드시/반듯이
196	주의해야 할 표준어 표기	238	바람을 나타내는 어휘
197	멋모르다, 졸리다, 얻다, 뜨뜻미지근하다	239	'데'와 '대'의 구별
198	신체부위 표준어	240	반나절, 한나절, 나절가웃
199	끌밭없웃썰	241	액자식 구성
200	용언의 활용 주의할 단어	242	주의해야 할 품사 구별
201	넘어, 너머	243	남편과 아내 쪽의 호칭어
202	추가 표준어 주의해야 할 단어	244	진작에, 진즉에
203	주요 관용구 Best 10	245	자음의 표기와 발음
204	가능한 한	246	언어의 분절성
205	이름의 띄어쓰기	247	묘령, 방년, 재원, 말괄량이
206	정화수	248	문장의 짜임
207	임대, 임차	249	이어진 문장
208	부딪치다, 부딪히다	250	안은 문장
209	일체, 일절	251	속담과 관련된 한자성어 ②
210	피동 표현의 남용	252	촌수보

필기 요약 333 테마

알맹이 필기   **001**   단어의 갈래(품사)

1. 품사

단어를 비슷한 성질을 가진 것끼리 분류해 놓은 것이다. 단어의 갈래이다.

분류 기준			개념
형태	기능	의미/성질	
불변어 (不變語)	체언	명사	구체적인 대상의 이름을 나타내는 말
		대명사	대상의 이름을 대신하여 그것을 가리키는 말
		수사	사물의 수량이나 순서를 가리키는 말
	수식언	관형사	체언 앞에 놓여서 체언을 꾸며 주는 말
		부사	용언이나 문장을 수식하는 것을 본래의 기능으로 하는 말
	관계언	조사	체언 뒤에 붙어서 다양한 문법적 관계를 나타내거나 의미를 추가하는 의존 형태소
	독립언	감탄사	부름, 대답, 느낌 등을 나타내는 말
가변어 (可變語)	용언	동사	주어의 움직임이나 작용을 나타내는 말
		형용사	주어의 성질이나 상태를 나타내는 말

① 체언(體言): 문장에서 주체 자리에 쓰여 몸통이 되는 말
② 용언(用言): 문장에서 문장 주체의 움직임, 성질, 상태 등을 나타내는 말, 있다.
③ 수식언(修飾言): 문장에서 체언이나 용언 앞에 놓여 그 뜻을 꾸미
④ 관계언(關契言): 문장에 쓰인 단어들의 관계를 나타내는 말
⑤ (立言): 다른 성분에 얽메이지 않고 돌리

[부록] 알맹이 노트

01 한자 노트
02 고전문학 노트
03 현대문학 노트
04 알맹이 문제 정답 및 해설

핵심만 쏙 뽑은 테마노트
알맹이 국어

필기 요약

001~333 테마

001 단어의 갈래(품사)

1. 품사

단어를 비슷한 성질을 가진 것끼리 분류해 놓은 것이다. 단어의 갈래이다.

분류 기준			개념
형태	기능	의미/성질	
불변어 (不變語)	체언	명사	구체적인 대상의 이름을 나타내는 말
		대명사	대상의 이름을 대신하여 그것을 가리키는 말
		수사	사물의 수량이나 순서를 가리키는 말
	수식언	관형사	체언 앞에 놓여서 체언을 꾸며 주는 말
		부사	용언이나 문장을 수식하는 것을 본래의 기능으로 하는 말
	관계언	조사	체언 뒤에 붙어서 다양한 문법적 관계를 나타내거나 의미를 추가하는 의존 형태소
	독립언	감탄사	부름, 대답, 느낌 등을 나타내는 말
가변어 (可變語)	용언	동사	주어의 움직임이나 작용을 나타내는 말
		형용사	주어의 성질이나 상태를 나타내는 말

① 체언(體言): 문장에서 주체 자리에 쓰여 몸통이 되는 말
② 용언(用言): 문장에서 문장 주체의 움직임, 성질, 상태 등을 나타내는 말. 활용하는 특징이 있다.
③ 수식언(修飾言): 문장에서 체언이나 용언 앞에 놓여 그 뜻을 꾸미거나 한정하는 말
④ 관계언(關契言): 문장에 쓰인 단어들의 관계를 나타내는 말
⑤ 독립언(獨立言): 다른 성분에 얽매이지 않고 독립적으로 쓰이는 말

01 정답 및 해설
알맹이 노트 p. 72

01
다음 중 국어의 품사에 대한 설명으로 가장 적절하지 <u>않은</u> 것은?　　　2017 경찰직 2차

① 관형사와 부사는 뒤에 오는 다른 말을 꾸며 주기 때문에 수식언이라 한다.
② 접속사는 문장과 문장을 이어 주는 것으로 '그러나, 그런데' 등과 같은 것이 있다.
③ 감탄사는 화자의 부름, 느낌, 놀람이나 대답을 나타내며 형태가 변하지 않는 특성이 있다.
④ 조사는 체언 뒤에 결합해서 다른 말과의 문법적 관계를 나타내거나 특별한 뜻을 더해 주는 말로서, 격 조사, 접속 조사, 보조사가 있다.

002 보조용언

1. 본용언과 보조용언

① 본용언: 뚜렷한 의미와 실질적인 뜻을 지닌, 자립성을 가진 용언을 말한다. 본용언은 단독으로 문장의 서술어가 될 수 있다.

② 보조용언: 자립성이 희박하여 단독으로 문장의 서술어가 될 수 없는 용언으로 본용언의 문법적 의미를 보조하는 역할을 한다.

구분	의미	형태	예문
보조 동사	종결	(아/어) 나다/내다, 버리다	• 자고 나서 어디로 갈 거야. • 추위를 이겨 내다. • 그녀는 화가 나 밖으로 나가 버렸다.
	시행	(아/어) 보다	• 나도 그거 한번 먹어 보자. • 그는 다시 한번 그 계획서를 생각해 본다.
	당위	(아야/어야) 하다	사람은 그저 건강해야 한다.
	부정	(지) 말다, 아니하다, 못하다	• 이곳에서 수영하지 마시오. • 밥을 먹지 아니하다. • 배가 아파 밥을 먹지 못했다.
	상태	(아/어) 있다, 계시다	• 꽃이 피어 있다. • 할머니는 새벽부터 깨어 계신다.
	느낌	(아/어)하다	형은 지저분한 것을 싫어한다.
	사동	(게) 하다	엄마가 아이에게 옷을 입게 하셨다.
	피동	(아/어)지다	새로운 도로가 만들어지다.
	강세, 반복	(아/어) 대다	아이들이 계속 웃어 대다.
	보유 (유지)	(아/어) 두다, 놓다, 가지다	• 가방을 책상 위에 올려 두었다. • 더우니 문을 열어 놓아라. • 좋은 내용을 알아 가지고 왔다.
	진행	가다, 오다	• 책을 다 읽어 가다. • 날이 밝아 오다.
	봉사	주다, 드리다	선배의 편지를 부쳐 주었다.
보조 형용사	희망	(고) 싶다	나도 밥을 먹고 싶다.
	부정	(지) 아니하다, 못하다	• 편안하지 못하다. • 얼굴이 곱지 아니하다.
	추측	(가/까) 싶다, 보다	• 비가 오는가 싶어 빨래를 걷었다. • 그 사람이 인기가 많은가 보다.
	시인 (강조)	(기는) 하다	옷이 좋기는 한데 가격이 비싸다.

알맹이 이론

의존명사(듯, 성, 만, 법, 뻔, 양, 체, 척)에 '하다, 싶다'가 결합한 형태도 보조용언임
[듯하다, 듯싶다, 성하다, 성싶다, 만하다, 법하다, 뻔하다, 양하다, 척하다, 체하다]
예 • 그 사람은 아무것도 모르는 양하며 시치미를 뗐다.
　 • 비가 올 듯하다.
　 • 지금쯤은 그가 올 법하다.

2. 본용언과 보조용언의 띄어쓰기

① 보조용언, 즉 보조동사와 보조형용사는 띄어 씀을 원칙으로 하되, 경우에 따라 붙여 쓸 수 있다.

원칙	허용	원칙	허용
불이 꺼져 간다.	불이 꺼져간다.	**비가 올 듯하다.**	비가 올듯하다.
일이 될 법하다.	일이 될법하다.	**비가 올 성싶다.**	비가 올성싶다.

② 다만 본용언에 조사가 붙거나 본용언이 합성 용언인 경우에 보조용언을 띄어 쓰며, 중간에 조사가 들어갈 때도 본용언과 보조용언을 띄어 쓴다.

○	×	○	×
책을 읽어도 보고	책을 읽어도보고	**네가 덤벼들어 보아라.**	네가 덤벼들어보아라.
낙엽이 떠내려가 버렸다.	낙엽이 떠내려가버렸다.	**그가 올 듯도 하다.**	그가 올 듯도하다.
잘난 체를 하다.	잘난 체를하다.		

알맹이 이론

㉠ 비가 올 듯하다 (○)　　비가 올듯하다 (○)　　비가 올듯 하다 (×)
　 비가 오는 듯하다 (○)　비가 오듯 하다 (○)　　비가 오는듯 하다 (×)
　 비가 올 듯도 하다 (○)　비가 올듯도 하다 (×)　비가 올 듯 하다 (×)
㉡ 듯
　 • 보조용언(듯하다/듯싶다)
　 • 어미(−듯) − (= −듯이)
　 • 의존명사(듯)

3. 보조용언이 두 개인 경우의 띄어쓰기

보조용언이 거듭되는 경우는 앞의 보조용언만을 붙여 쓸 수 있다.

○	×
책을 읽어 볼 만하다.	책을 읽어 볼만하다.
책을 읽어볼 만하다.	책을 읽어볼만하다.

003 조사(助辭)

주로 체언 뒤에 붙어서 다른 말과의 문법적 관계를 나타내거나 특별한 의미를 더해 주는 말

1. 조사

① 격 조사: 체언에 붙어 문장 안에서 일정한 문법적 자격(문장성분)을 가지게 하는 조사
② 보조사: 체언에 특별한 의미를 더해 주는 조사
③ 접속 조사: 단어와 단어를 같은 자격으로 이어 주는 조사

[격 조사의 종류와 쓰임]

구분	형태	예문
주격 조사	이/가, 께서, 인수+(이)서, 단체+에서	• 책상이 있다. – 이/가 • 아버지께서 오셨다. – 높임 • 둘이서 / 혼자서 집에 갔다. – 인수 • 우리 학교에서 우승했다. – 단체
서술격 조사	이다	나는 학생이다. – 나는 학생이고 – 나는 학생이니
목적격 조사	을/를	나는 사과를 좋아한다.
보격 조사	이/가('되다, 아니다' 앞에서)	• 그는 학생이 되었다. • 영희는 선생이 아니다.
부사격 조사	한테, 한테서, 에, 에서, 에게, 에게서, 로, 로서, 로써, 와/과, 비교(보다, 처럼, 만큼) …	• 아이들이 강에서 수영을 한다. • 칼로 연필을 깎았다. • 꽃처럼 아름답다.
관형격 조사	의	• 혜리의 책 • 나의 조국
호격 조사	아, 야, 여, 이시여	• 하늘이시여 • 주여 • 혜리야

02 정답 및 해설
알맹이 노트 p. 72

02
국어의 조사에 대한 설명으로 가장 옳지 않은 것은? 2018 서울시 7급
① '에서'는 '집에서 가져 왔다'의 경우에는 부사격 조사이지만 '우리 학교에서 우승을 차지했다'의 경우에는 주격 조사이다.
② '는'은 '그는 학교에 갔다'의 경우에는 주격 조사이지만 '일을 빨리는 한다'의 경우에는 보조사이다.
③ '가'는 '아이가 운동장에서 놀고 있다'의 경우에는 주격 조사이지만 '그것은 종이가 아니다'의 경우에는 보격 조사이다.
④ '과'는 '눈과 같이 하얗다'의 경우에는 부사격 조사이지만 '책과 연필이 있다'의 경우에는 접속 조사이다.

004 로마자 표기법

1. 모음

단모음		ㅏ	ㅓ	ㅐ	ㅔ	ㅗ	ㅜ	ㅣ
		a	eo	ae	e	o	u	i
이중 모음	y계열	ㅑ	ㅕ	ㅒ	ㅖ	ㅛ	ㅠ	ㅡ
		ya	yeo	yae	ye	yo	yu	eu
	w계열	ㅘ	ㅝ	ㅙ	ㅞ	ㅚ	ㅟ	ㅢ
		wa	wo	wae	we	oe	wi	ui

① 모음 표기 유의사항
  ㉠ ㅓ – eo (서울 Seoul)　　　　㉡ ㅡ – eu (금산 Geumsan)
  ㉢ ㅝ – wo (원주 Wonju)　　　　㉣ ㅚ – oe (괴산 Goesan)
  ㉤ ㅟ – wi (군위 Gunwi)　　　　㉥ ㅢ – ui (의성 Uiseong)

② 'ㅢ'는 'ㅣ'로 소리나더라도 'ui'로 적는다.
  예 광희문 → Gwanghuimun
　　여의도 → Yeouido
　　하늬바람 → hanuibaram
　　연희동 → Yeonhui-dong

2. 자음

각	g	따	tt	빠	pp	짜	jj
	k	랄	r	사	s	차	ch
까	kk		l	싸	ss	카	k
나	n	마	m	앙	×	타	t
닫	d	밥	b		ng	파	p
	t		p	자	j	하	h

알맹이 연습문제 1

※ 다음은 지하철 노선도입니다. 다음 역 이름을 로마자로 표기해 보세요.

1) 의정부
2) 여의도
3) 백석
4) 뚝섬
5) 답십리
6) 신림
7) 학여울
8) 선릉
9) 태릉
10) 일원
11) 둔촌동
12) 목동
13) 종로 3가
14) 을지로
15) 몽촌토성
16) 광흥창

알맹이 풀이

1) Uijeongbu
2) Yeouido
3) Baekseok
4) Ttukseom
5) Dapsimni
6) Sillim
7) Hangnyeoul
8) Seolleung
9) Taereung
10) Irwon
11) Dunchon−dong
12) Mok−dong
13) Jongno 3−ga
14) Euljiro
15) Mongchontoseong
16) Gwangheungchang

알맹이 연습문제 2

※ 다음은 한국 문화와 관련된 단어입니다. 로마자로 표기해 보세요.

1) 한글
2) 한복
3) 태권도
4) 아리랑
5) 제주도
6) 독도
7) 한라산
8) 속리산
9) 무량수전
10) 석굴암
11) 동대문
12) 광화문
13) 경복궁
14) 창덕궁
15) 불국사
16) 화엄사
17) 김치
18) 비빔밥
19) 불고기
20) 떡볶이

알맹이 풀이

1) Hangeul
2) hanbok
3) taegwondo/taekwondo
4) arirang
5) Jeju−do
6) Dokdo
7) Hallasan
8) Songnisan
9) Muryangsujeon
10) Seokguram
11) Dongdaemun
12) Gwanghwamun
13) Gyeongbokgung
14) Changdeokgung
15) Bulguksa
16) Hwaeomsa
17) gimchi/kimchi
18) bibimbap
19) bulgogi
20) tteokbokki

알맹이 이론

'태권도'와 '김치'는 현행 로마자 표기법에 따르면 'taegwondo'와 'gimchi'로 적는 것이 맞으나, 'taekwondo', 'kimchi'로 많이 쓰이므로 이를 인정한다.

3. 로마자 표기법 중요 단어

경포대 Gyeongpodae	압구정 Apgujeong
극락전 Geungnakjeon	영동 Yeongdong
낙동강 Nakdonggang	오죽헌 Ojukheon
낙성대 Nakseongdae	옥천 Okcheon
다보탑 Dabotap	왕십리 Wangsimni
대관령 Daegwallyeong	울릉 Ulleung
독도 Dokdo	월곶 Wolgot
독립문 Dongnimmun	윷놀이 Yunnori
묵호 Mukho	인왕리 Inwang-ri
밀양 Miryang	제주도 Jeju-do
백암 Baegam	종로 2가 Jongno 2-ga
벚꽃 beotkkot	종묘 Jongmyo
별내 Byeollae	죽변 Jukbyeon
볶음밥 bokkeumbap	집현전 Jiphyeonjeon
북한산 Bukhansan	청량리 Cheongnyangni
삼죽면 Samjuk-myeon	촉석루 Chokseongnu
샛별 saetbyeol	칠곡 Chilgok
서울시 종로구 명륜동 Myeongnyun-dong, Jongno-gu, Seoul	하회탈 Hahoetal
설악 Seorak	한밭 Hanbat
식혜 sikhye	합덕 Hapdeok
신창읍 Sinchang-eup	합정 Hapjeong
알약 allyak	호법 Hobeop

005 ▶ 다의어와 동음이의어

1. 다의어(多義語)

하나의 소리에 서로 관련이 있는 여러 의미가 결합되어 있는 단어

머리	머리를 다치다. (사람이나 짐승의 목 윗부분)
	머리를 깎다. (머리털)
	머리가 좋다. (두뇌)

2. 동음이의어(同音異義語)

하나의 소리에 서로 관계가 없는 의미가 여럿 결합되었을 때의 단어

배1	배가 아프다. (복부)
배2	배가 주렁주렁 열렸다. (배나무의 열매)
배3	배가 항구로 들어 왔다. (선박)

03 정답 및 해설
알맹이 노트 p. 72

03

밑줄 친 단어가 다음에서 설명한 동음이의어로 묶인 것은?　　　　2017 국가직 7급

> 동음이의어는 의미상 서로 관련이 없거나 역사적으로 기원이 다른데 소리만 우연히 같게 된 말들의 집합이며, 국어사전에는 서로 다른 표제어로 등재된다.

① 지수는 빨래를 할 때 합성세제를 <u>쓰지</u> 않는다.
　이 일은 인부를 <u>쓰지</u> 않으면 하기 어렵다.
② 새로 구입한 의자는 <u>다리</u>가 튼튼하다.
　박물관에 가려면 한강 <u>다리</u>를 건너야 한다.
③ 이 방은 너무 <u>밝아서</u> 잠자기에 적당하지 않다.
　그는 계산에 <u>밝은</u> 사람이다.
④ 그 영화는 <u>뒤</u>로 갈수록 재미가 없었다.
　너의 일이 잘될 수 있도록 내가 <u>뒤</u>를 봐주겠다.

006 '되'와 '돼'의 구별

되-: '되다'의 어간(→ 하)되-: '되다'의 어간(→ 하)	돼(=되어): '되어'가 줄어든 형태(→ 해)

되고(○)/돼고(×)
되게(○)/돼게(×)
되자(○)/돼자(×)
되요(×)/돼요(○)
* 집에 가면 안 돼요.
됐고(○)/됐니(○)/됐지(○)/됐어(○)/됐거든(○)

되니(○)/돼니(×)
되서(×)/돼서(○)
되지(○)/돼지(×)

1. 되라(○)/돼라(○)

① 되라: '되다'의 간접명령
예 어머니가 훌륭한 사람이 되라고 하셨다.
② 돼라: '되다'의 직접명령(되+어라)
예 어머니가 "혜리야, 훌륭한 사람이 돼라."라고 말씀하셨다.

2. '뇌-'와 '봬'의 구별도 같은 원리를 적용

예 교수님 내일 {뵐게요(○), 뵀게요(×)}

알맹이 예제

※ 다음 중 틀린 것은?
① 그러면 안 돼.
② 시간이 얼마나 됐니?
③ 곧 열시가 돼지.
④ 어른이 돼서 무엇을 할래?

007 　 의존명사

명사 중 반드시 관형어의 꾸밈을 받아야만 쓰이는 명사

1. 의존명사

> 이, 것, 바, 줄, 수, 체, 양, 등, 뿐, 듯, 지, 만, 데, 만큼, 대로…

2. 의존명사는 관형어 뒤에 위치하며, 반드시 띄어 쓴다.

> 관형어 ∨ 의존명사

예 생각한 <u>만큼</u>, 느낀 <u>대로</u>, 먹을 <u>것</u>

008 　 조사의 특성

1. 조사끼리는 중복하여 쓰일 수 있다.

예 너에<u>게만은</u> 알려 줄게

2. 조사는 생략이 가능하다.

예 나는 밥(을) 먹는다.

3. 조사는 체언에 붙여 써야 한다.

예 법<u>대로</u>, 대궐<u>만큼</u>, 누나<u>를</u>, 엄마<u>의</u>

009 ▶ 자음과 모음의 사전 등재 순서

ㄱ ㄲ ㄴ ㄷ ㄸ ㄹ ㅁ ㅂ ㅃ ㅅ ㅆ ㅇ ㅈ ㅉ ㅊ ㅋ ㅌ ㅍ ㅎ

ㅏ ㅐ ㅑ ㅒ ㅓ ㅔ ㅕ ㅖ ㅗ ㅛ ㅜ ㅠ ㅡ ㅣ
　　　　　　　　　ㅘ ㅙ ㅚ　　ㅝ ㅞ ㅟ　　ㅢ

정답 ④

알맹이 예제

※ 사전 등재 순서에 맞게 배열된 것은?

① 두다, 뒤켠, 뒤뜰, 따뜻하다　　　　② 냠냠, 네모, 넘기다, 늴리리
③ 얇다, 앳되다, 여름, 에누리　　　　④ 괴롭다, 교실, 구름, 귀엽다

010 ▶ 선어말 어미

어간과 어말 어미 사이에 위치한다. 어말 어미는 반드시 있어야 하지만, 선어말 어미는 경우에 따라 있을 수도 있고 없을 수도 있으며, 둘 이상의 선어말 어미가 올 수도 있다.

구분	종류	예
높임 선어말 어미	-시- (주체높임)	할머니께서 책을 읽으신다.
시제 선어말 어미	-는- (현재)	책을 읽는다. (현재)
	-았-/-었- (과거), -더- (회상)	책을 읽었다. (과거)
	-겠- (미래의 추측)	책을 읽겠다. (미래)
공손 선어말 어미	-옵-, -사오-, -사옵-	복을 받으옵소서.

1. 선어말 어미 '-겠-'

선어말 어미 '-겠-'은 흔히 미래 추측의 의미로 사용되지만, 의지, 가능성이나 완곡한 태도 등의 의미를 나타내기도 한다.

예 • 내일은 비가 오겠다. (미래의 추측)
　　• 내가 학교로 가겠다. (의지)

- 그런 건 삼척동자도 알<u>겠</u>다. (가능성이나 능력)
- 들어가도 좋<u>겠</u>습니까? (완곡한 태도)

011 언어의 자의성

> 언어의 구성요소인 음성(형식)과 의미(내용)는 필연적인 관계가 아니라 자의적, 임의적인 관계이다.

* 자의성
= 수의성, 임의성, 무연성

1. 나라마다 음성이 다르다 (음성 ×, 의미 ○)

우리는 '사랑'이라는 의미를 가진 음성을 [saraŋ]이라고 발음하지만 영어는 [lʌv], 독일어는 [li:bə], 프랑스어는[amu:r], 중국어는 [ai]이다.

2. 동음이의어의 존재 (음성 ○, 의미 ×)

배(선박), 배(신체), 배(과일)

3. 역사성은 자의성의 근거

어리다(15C 어리석다 → 20C 나이가 젊다), ᄀᆞ술〉가을

4. 의성어와 의태어의 존재 (음성 ×, 의미 ○)

개가 짖는 소리의 경우 우리나라는 [mung-mung], 영어는 [bow-wow], 일어는 [wan-wan], 불어는 [ouch- ouch], 중국어는 [wang-wang], 이태리어는 [bau-bau]이다. 나라마다 동일한 의미의 의성어가 지닌 음성이 다르다. 하지만 의성어/의태어도 어느 정도 음성과 의미 사이의 유연성을 가지고 있기 때문에 자의성이 가장 약하다고 할 수 있다.

5. 방언의 존재 (음성 ×, 의미 ○)

'부추'를 경상도에서는 '정구지', 전라도에서는 '솔', 제주도에서는 '세우리', 강원도에서는 '불구'라고 부른다.

6. 복수표준어, 전문어와 일상어, 금기어와 완곡어, 남한어와 북한어 등

012 보조사의 종류와 쓰임

보조사란 체언에 특별한 의미를 더해 주는 말이다.

종류	기능	예문
은/는	대조, 화제 제시, 강조	• 엄마가 장미는 좋아한다. • 나는 학생이다. • 다른 사람은 몰라도 너는 꼭 와.
도	동일, 첨가	대회에 혜리도 참가한다.
만/뿐	단독, 한정	모임에 너만 오면 된다.
마다	균일	나라마다 문제가 존재한다.
부터	출발점	울산부터 대전까지 기차를 탔다.
밖에	더 없음	친구가 너밖에 없다.
(이)나마	불만	초라한 밥이나마 먹었다.
조차	첨가	그녀조차 나를 비난하다니.
(이)야	필연, 당위	설마 그럴 리야 있겠니?
(이)나	최후 선택	• 밥이나 주시오. • 오죽이나 할까?
든지	수의적 선택	배든지 사과든지 먹어라.
(야)말로	한정	너야말로 먼저 가야 하지 않니?
까지, 조차	미침, 추종	이번 시험에 혜리까지(혜리조차) 붙었구나.
마저	포함, 종결	너마저 나를 떠나다니.
요	청자 존대	• 싹이 돋는군요. • 친구가 많이 아프던가요?

013 늘이다, 늘리다

1. 늘이다 – 길이(길게, 처지게)

예 • 고무줄을 늘인다.   • 바지 길이를 늘인다.
      • 머리를 곱게 땋아 늘이다.

2. 늘리다 – 수량, 시간(크게, 많게)

예 • 수출량을 더 늘린다.   • 마당을 늘린다.
      • 수효를 늘린다.   • 쉬는 시간을 늘리다.
      • 수명을 늘리다.

014 '썩이다, 돋구다, 왠지'의 한정적 사용

1.

썩이다 – 속	예 나이가 들어도 부모 속을 썩이다.
썩히다 – 그 외	예 음식물을 썩혀 냄새가 나다.

2.

돋구다 – 안경 도수↑	예 안경의 도수를 돋구다.
돋우다 – 그 외	예 입맛을 돋우다.

3.

왠지(=왜인지) – 부사	예 오늘따라 왠지 멋있어 보인다.
웬(관형사) – 그 외	예 웬일이니, 웬일로, 웬만하다…

015 부사화 접미사 '이, 히'의 구별 (한글 맞춤법 제25항, 제51항)

1. '히'로 적는 것

'~하다'로 끝나는 어근('ㅅ' 받침은 제외)

예

(꼼꼼하다)꼼꼼히	(익숙하다)익숙히/익히	(특별하다)특별히/특히
(정확하다)정확히	(솔직하다)솔직히	(딱하다)딱히
(속하다)속히	(족하다)족히	(튼튼하다)튼튼히

예외 '~하다'가 붙을 수 있는 단어이지만 '히'로 적지 않고 '이'로 적는 경우 (주로 'ㄱ' 받침 뒤)

아스라이	야트막이	느지막이	꺼림칙이	깊숙이
고즈넉이	멀찍이	수북이	길쭉이	가뜩이
끔찍이	나직이	두둑이	자욱이…	

암기법 TIP

부사화 접미사 '이/히'의 예외적 단어(14개)

야야! 느지막아 꺼림칙아 시작한
스트
라막
이이

깊고 멀 수 있는 길
숙즈 찍 북   쭉
이넉 이 이   이
  이

가끔 나 자신을 생각해 두자
뜩찍 직   둑욱
이이 이   이이

2. '이'로 적는 것

① '~하다'로 끝나는 어근의 'ㅅ' 받침 뒤

> 예 (깨끗하다)깨끗이, (느긋하다)느긋이, (따뜻하다)따뜻이, (버젓하다)버젓이,
> (의젓하다)의젓이

② '~하다'가 붙지 않는 단어

> 예 (높다)높이, (헛되다)헛되이, (많다)많이

③ 'ㅂ' 받침 용언

> 예 (가볍다)가벼이, (가깝다)가까이, (자유롭다)자유로이, (곱다)고이, (대수롭다)대수로이

④ 첩어 명사

> 예 번번이, 간간이, 나날이, 겹겹이, 다달이, 산산이

⑤ 부사 뒤

> 예 일찍이, 더욱이, 오뚝이, 생긋이, 빽빽이, 곰곰이

---

016 매개모음 '으'

1. 매개모음 '으'

자음과 자음의 충돌 시 두 자음 사이에서 음을 고르게 하는 모음

> 예 먹+으+면 → 먹으면

2. 단, 'ㄹ' 받침인 경우, 매개모음 '으'를 삽입하지 않는다.

> 예 날으면(×) → 날면(○)　　　　　　　절은(×) → 전(○)
> 녹슬은(×) → 녹슨(○)　　　　　　　거칠은(×) → 거친(○)
> 낯설은(×) → 낯선(○)
> 실력이 늘은 사람(×) → 실력이 는 사람(○)
> 떠들은 사람(×) → 떠든 사람(○)　　잇달은 실수(×) → 잇단 실수(○)
> 그을은 피부(×) → 그은 피부(○)　　물들은 단풍(×) → 물든 단풍(○)

017 합성어와 파생어

구분		형성 방법	예
단일어		하나의 어근으로 이루어진 단어	• 하늘(어근) • 밥(어근) • 맑(어근)다
복합어	합성어	둘 이상의 어근이 결합한 단어 (실질형태소+실질형태소)	• 앞뒤: 앞+뒤 • 작은아버지: 작(은)+아버지 • 높푸르다: 높(고)+푸르다
	파생어	'어근+파생 접사'로 이루어진 단어 (접두사+어근 or 어근+접미사)	• 풋사랑: 풋-+사랑 • 먹이: 먹-+-이 • 운동하다: 운동+-하다

1. 원형을 밝혀 적지 않은 주의해야 할 파생어 (한글 맞춤법 제19항, 제20항 참조)

나마(남+아)	부터(붙+어)	조차(좇+아)	무덤(묻+엄)
지붕(집+웅)	너무(넘+우)	차마(참+아)	비로소(비롯+오)
자주(잦+우)	바깥(밖+앝)	바가지(박+아지)	쓰레기(쓸+에기)
꼬락서니(꼴+악서니)	끄트머리(끝+으머리)	모가지(목+아지)	꾸중(꾸짖+웅)
까마귀(감+아괴 → 깜+아귀)	모가치(몫+아치)	터럭(털+억)	사태(샅+애)
고랑(골+앙)	올가미(옭+아미)	거뭇거뭇(검+웃)	도랑(돌+앙)
마개(막+애)	도로(돌+오)	동그라미(동글+아미)	무르팍(무릎+악)
오라기(올+아기)			

2. 주의해야 할 부사 파생어

겨우내(겨울+내)	진실로(진실+로)	결단코(결단+코)	마음껏(마음+껏)

3. 주의해야 할 합성어

어린이 (어린+이(의존명사))	젊은이 (젊은+이(의존명사))	이른바 (이른+바(의존명사))
아무것 (아무+것(의존명사))	어느덧 (어느+덧(명사))	제각각 (제(명사)+각각(명사, 부사))
또다시 (또(부사)+다시(부사))	대여섯(다섯+여섯)	까막까치(까마귀+까치)

4. 같은 형태이기에 주의해야 할 합성어와 파생어

군말 (파생어) 군밤 (합성어)	돌배 (파생어) 돌다리 (합성어)	들국화 (파생어) 들일 (합성어)	개떡 (파생어) 개고기 (합성어)
날고기 (파생어) 날짐승 (합성어)	불호령 (파생어) 불장난 (합성어)	햇감자 (파생어) 햇빛 (합성어) 해님(파생어)	공부하다(파생어) 좋아하다(합성어)

5. '하다'가 결합된 파생어와 합성어

① 명사·부사와 결합하면 '하다'가 동사와 형용사를 만드는 접미사가 된다. (파생어)
　　例 건강하다, 생각하다, 공부하다, 꼼꼼하다, 빨리하다
② 형용사와 결합하면 동사 '하다'는 보조용언이 되어 합성어가 된다. (합성어)
　　例 슬퍼하다, 기뻐하다, 좋아하다

알맹이 예제

합성어와 파생어 구별 연습

새색시	날짐승	첫사랑	무덤	털보	군소리	둘째	지붕	새파랗다	먹구름
빗금	말벌	뭇매	벌판	얕잡다	소나무	마개	마주	날고기	군밤
지우개	빛깔	머리말	통닭	휘날리다	끝내	차림새	높다랗다	개구리	힘들다
굳세다	바가지	마무리	책상	윗옷	웃옷	온갖	실개천	애호박	피곤하다
기뻐하다	쓰레기	오이지무침	일으키다	처먹다	이른바	수술실	속삭이다		

[합성어]
• 새색시
• 날짐승
• 첫사랑
• 뭇매
• 벌판
• 얕잡다
• 소나무
• 군밤
• 힘들다
• 굳세다
• 책상
• 윗옷
• 온갖
• 기뻐하다
• 오이지무침
• 이른바

---

018 음절의 끝소리 규칙

음절의 끝소리가 될 수 있는 자음은 'ㄱ, ㄴ, ㄷ, ㄹ, ㅁ, ㅂ, ㅇ'의 7개뿐이다. 다른 자음이 끝소리가 되면 이 중의 하나로 바꾸어 발음한다. (대표음 발음 – 교체 현상)

ㄱ, ㄲ, ㅋ → [ㄱ]	例 국[국], 부엌[부억]
ㄴ → [ㄴ]	例 눈[눈], 돈[돈]
ㄷ, ㅌ, ㅅ, ㅆ, ㅈ, ㅊ, ㅎ → [ㄷ]	例 낟[낟], 낱[낟], 낫[낟], 났[낟], 낮[낟], 낯[낟], 낳[낟]
ㄹ → [ㄹ]	例 벌[벌], 쌀[쌀]
ㅁ → [ㅁ]	例 김[김], 밤[밤]
ㅂ, ㅍ → [ㅂ]	例 법[법], 잎[입]
ㅇ → [ㅇ]	例 강[강], 용[용]

019 겹받침의 발음 (자음군 단순화 – 탈락 현상)

앞이 발음되는 경우(8개)	뒤가 발음되는 경우(3개)
ㄳ	ㄺ
ㄵ	ㄻ
ㄶ	ㄿ
ㄹㅅ	
ㄼ	
ㄽ	
ㄾ	
ㅄ	

예

넋[넉]	넋과[넉꽈]	앉다[안따]	여덟[여덜]	넓다[널따]
외곬[외골]	핥다[할따]	값[갑]	없다[업:따]	닭[닥]
흙과[흑꽈]	맑다[막따]	늙지[늑찌]	삶[삼:]	젊다[점:따]
읊고[읍꼬]	읊다[읍따]	뚫네[뚤레]	넓네[널레]	

1. ㄺ의 발음

① 모음이 올 때
  ㉠ 형식형태소의 모음: 어미/조사 – 바로 연음됨 예 닭을[달글]
  ㉡ 실질형태소의 모음: 음절의 끝소리 규칙 후 연음됨 예 닭 앞에[다가페]
② ㅎ첫소리가 올 때: 축약됨 예 밝히다[발키다]
③ 용언의 어미 'ㄱ' 앞에서: [ㄹ]로 발음 예 읽고[일꼬], 맑게[말께], 얽거나[얼꺼나]
④ 체언의 조사 'ㄱ' 앞에서: [ㄱ]으로 발음 예 닭과[닥꽈], 흙과[흑꽈]

2. ㄼ의 발음

> 넓죽하다, 넓적하다, 넓둥글대([넙–]), *밟대[밥:따]

→ 4개 단어만 뒤에 것 [ㅂ]으로 발음함

020 맞히다, 맞추다

맞히다	① 옳은 답을 하다.
	예 • 여러 문제를 더 맞혔다.
	     • 답을 (알아)맞힌다.
	② 목표물에 맞게 하다.
	예 • 활로 과녁을 맞힌다.
	     • 침을 맞힌다.
	     • 비를 맞힌다.

맞추다	비교 대상과 견주어 보다.
	예 • 정답과 맞춰 보다.
	     • 입을 맞추다.
	     • 일정을 맞추다.

021 뒤처지다, 뒤쳐지다

뒤처지다	(수준, 대열) 처지거나 남게 되다. 예 3G폰은 시대에 뒤처진 느낌이다.
뒤쳐지다	뒤집혀서 젖혀지다. 예 바람에 현수막이 뒤쳐지다.

022 추돌, 충돌

추돌(追突)	자동차나 기차 따위가 뒤에서 들이받음 예 앞차와 추돌하다.	 ← 추돌 ←
충돌(衝突)	서로 맞부딪치거나 맞섬 예 자동차 충돌/시위대와 경찰의 충돌	 → 충돌 ←

023 ▶ 에, 에게

에	무정 명사와 결합 예 • 독도 문제를 일본 정부에 항의했다. • 나무에 물을 주었다.
에게	유정 명사와 결합(단, 식물은 제외) 예 • 독도 문제를 일본 정부의 수상에게 항의했다. • 개에게 물렸다.

024 ▶ 주의해야 할 한자어 – 고유어로 착각하기 쉬움

어휘 풀이

01 狼藉(낭자). '이리저리 흩어져 어지러움'을 뜻한다.
02 '거짓말'의 속어
07 이리저리 헤매고 다니는 것을 '배회하다'라고 한다.
09 늘, 항상
19 霎: 가랑비 삽, 매우 짧은 시간
20 졸지에: 느닷없이, 갑자기
22 억지가 매우 심하여 자기 의견만 내세움
23 여러 말 할 것 없이 요점만 말하건대
24 아무리 하여도

01	낭자하다(狼藉)*	13	물론(勿論/無論)
02	공갈(恐喝)*	14	미음(米飮)
03	별안간(瞥眼間)	15	창피(猖披)
04	조심(操心)	16	무려(無慮)
05	총각(總角)	17	기특(奇特)
06	솔직하다(率直)	18	우악스럽다(愚惡)
07	배회하다(徘徊)*	19	삽시간(霎時間)*
08	하필이면(何必)	20	졸지(猝地)
09	십상(十常)*	21	도대체(都大體)
10	석연치 않다(釋然)	22	옹고집(甕固執)*
11	맹랑하다(孟浪)	23	대관절(大關節)*
12	심지어(甚至於)	24	도저히(到底)*

알맹이 연습문제

※ 다음 괄호 속에서 바른 것을 고르세요.

1) (덥석/덥썩) 손을 잡았다.
2) (곤장/곳장) 집으로 오너라.
3) '예', '(아니오/아니요)'로 답하세요.
4) 떡을 쌀로 (만듬/만듦).
5) 뚱뚱이와 (홀쭈기/홀쭉이)
6) (짚이는/짚히는) 사람이 있다.
7) (해콩/햇콩)을 장에 내다 팔았다.
8) (새노란/샛노란) 병아리
9) 괜찮으면 (사귀어/사겨) 봐.
10) 아버지는 항상 의사가 (되라고/돼라고) 하셨다.
11) (때깔/땟갈/땟깔)이 좋은 게 맛있게 생겼다.
12) (깡충깡충/깡총깡총) 뛰며 줄넘기를 하다.
13) (엇그제/엊그제) 할머니께서 돌아가셨다.
14) 술이라면 (사족/사죽)을 못 쓴다.
15) 음식 같잖은 개떡수제비에 (입천정/입천장)만 덴다.
16) 나는 (자랑스런/자랑스러운) 태극기 앞에
17) 일이 (얼키고설켜서/얽히고설켜서) 풀기가 어렵다.
18) 니은(ㄴ) 다음은 (디은(ㄷ)/디귿(ㄷ))이다.
19) 세월호 침몰로 (생때/생떼)같은 자식들을 잃어 버렸다.
20) 중요한 (구절/귀절)에 밑줄을 그으시오.

알맹이 풀이

1) 덥석
2) 곧장
3) 아니요
4) 만듦
5) 홀쭉이
6) 짚이는
7) 해콩
8) 샛노란
9) 사귀어
10) 되라고
11) 때깔
12) 깡충깡충
13) 엊그제
14) 사족
15) 입천장
16) 자랑스러운
17) 얽히고설켜서
18) 디귿(ㄷ)
19) 생때
20) 구절

1. 이것은 붓이요, 저것은 펜이오.(○)

2.
주십시요(×)	웃지요(○)	참으리요(○)	안 돼요(○)
주십시오(○)	웃지오(×)	참으리오(×)	안 돼오(×)

3. 미시오(○)   미시요(×)   당기시오(○)   당기시요(×)

 * 선어말 어미 뒤에는 반드시 종결 어미가 와야 된다.

 * 종결 어미 뒤에 붙는 높임(청자) −요(보조사)

4. 미십시오(○) (밀+십시오) 미시오(○) (밀+시오) 미셔요(○) (밀+시어요)
 미세요(○) (허용)   미시요(×)   미십시요(×)

5. 어서 오십시요(×)   오십시오(○)   오셔요/오세요(○)

027 　개정 문장부호 규정 핵심 Best 10 (2014.10.27. 개정)

1. 소제목, 그림, 노래제목, 상호, 법률, 규정 − 홑낫표, 홑화살괄호, 작은따옴표
   예 이문세의 「옛사랑」 〈옛사랑〉 '옛사랑'
2. 책의 제목, 신문이름 − 겹낫표, 겹화살괄호, 큰따옴표
   예 『알맹이 국어』 ≪알맹이 국어≫ "알맹이 국어"
3. 줄임표
   ① …… ② … ③ ...... ④ ...
4. 커피(coffee), 손발[手足] − 괄호 속의 음과 같은 때는 소괄호를, 다를 때는 대괄호를 사용
5. 물음표
   ① 선택적 물음 → 끝
    예 너는 중학생이냐, 고등학생이냐?
   ② 독립적 물음 → 각각
    예 너는 여기에 언제 왔니? 어디서 왔니? 무엇하러 왔니?
6. 곧, 즉, 이를테면, 다시 말해 − 앞말 다음에 ,(쉼표)를 사용
   예 책의 서문, 곧 머리말에는 책을 지은 목적이 드러나 있다.
7. 짝을 이루는 어구
   예 ① 하천 수질의 조사 · 분석
     ② 하천 수질의 조사 분석
     ③ 하천 수질의 조사, 분석
     ※ 조사/분석(×)
8. 강조
   예 ① 혜리야 사랑해 (드러냄표)
     ② 혜리야 사랑해 (밑줄)
     ③ '혜리'야 사랑해 (작은따옴표)
9. 중점과 마침표
   ① 3 · 1 운동 / 3.1 운동(가운뎃점과 마침표 둘 다 가능)
   ② " . " / " " (큰따옴표 안에 문장이 끝날 때 마침표는 써도 되고 안 써도 된다.)
10. 줄임표 앞에는 쉼표를 쓰지 않음
    예 광역시: 광주, 대구, 대전……

028 창피하다, 희한하다, 착잡하다

1. 챙피하다(×) → 창피하다(○) (猖 날뛸 창, 披 벗을 피)

2. 희안하다(×) → 희한하다(○) (稀 드물 희, 罕 드물 한)

3. 착찹하다(×) → 착잡하다(○) (錯 어긋날 착, 雜 섞일 잡)

029 음식이름 – 표준어

○	×	○	×	○	×
육개장	육계장	총각무	알타리무	노래미	놀래미
닭개장	닭계장	서덜	서더리	갈치	칼치
마늘종	마늘쫑	아귀찜	아구찜	낙지	낚지
주꾸미	쭈꾸미	다슬기	올갱이	밴댕이	밴뎅이
장아찌	짱아찌	임연수어	이면수어	차돌박이	차돌배기
섞박지	석박지	오도독뼈	오돌뼈	눌은밥	누른밥
찌개	찌게	명란젓	명난젓	비계	비개
떡볶이	떡볶기	창난젓	창란젓	호두과자	호도과자
메밀	모밀	황석어젓	황새기젓	가자미식해	가자미식혜

알맹이 이론

음식이름 – 외래어

바베큐(×)/바비큐(○)　　도너츠(×)/도넛(○)　　딸기쨈(×)/딸기잼(○)　　케잌(×)/케이크(○)

꼬냑(×)/코냑(○)　　크래카(×)/크래커(○)　　밀크쉐이크(×)/밀크셰이크(○)　　비스켓(×)/비스킷(○)

로브스터(○)/랍스터(○)　　소세지(×)/소시지(○)　　초콜렛(×)/초콜릿(○)　　카라멜(×)/캐러멜(○)

030 ▶ '만은', '마는'

1. 체언＋만은(조사)

예
- 헤리만은 올 줄 알았어.
- 너만은 올 줄 알았어.
- 자전거만은 두고 가라.

① 참지마는(○), 참지만(○)
② 딱하다마는(○)
③ 그렇지마는(○),
  그렇지만(○)

2. ～지, ～다, ～냐＋마는(조사) (*지마는＝지만)

① 오늘은 내가 참지만은(×) 내일은 어림없다.
② 사정은 딱하다만은(×) 도와줄 형편이 아니다.
③ 사정이 딱하다. 그렇지만은(×) 도와줄 형편이 아니다.
  예 사고 싶다마는 돈이 없군.
  예 사랑한다마는 볼 수 없다.
  예 얼마 되겠느냐마는 보태어 쓰도록 해라.

031 ▶ 받침 'ㄲ(쌍기역)' 표준어

꺾꽂이, 낚시, 닦달, 섞박지, 손톱깎이, 연필깎이, 떡볶이

032 　ㅡ박이, ㅡ배기, ㅡ빼기

ㅡ 박이	ㅡ 배기	ㅡ 빼기
오이소박이	두 살배기	곱빼기
차돌박이	공짜배기	고들빼기
붙박이	언덕배기	억척빼기
점박이	알배기	코빼기
덧니박이	* 뚝배기(단일어)	이마빼기
장승박이	학배기(단일어)	대갈빼기

어휘 풀이
- ㅡ박이: '박다'의 의미가 남아 있는 것들

033 　'ㅔ' 형태 표준어

으레, 케케묵다, 너스레, 고수레, 허드레, 베개, 돌멩이, 굼벵이, 풍뎅이, 뭉게구름, 족집게, 헹가래, 쩨쩨하다

034 　잇따르다, 잇달다 ㅡ 복수표준어

잇따르다ㅡ잇따른ㅡ잇따라 잇따르다(+ㄴ →잇따른)	잇달다ㅡ잇단ㅡ잇달아 잇달다(+ㄴ → 잇단)

- 연달다=잇따르다

예 {잇단(○), 잇따른(○), 잇달은(×), 이따른(×), 잇딴(×)} 강력범죄가 발생하고 있다.

• 자문(諮問): 남(전문가)의 의견을 묻다.

자문을 구하다(×), 자문을 받다(×)

1. 주로 윗사람이 아랫사람에게 묻는다.

2. 비전문가가 전문가에게 묻는다.

→ 자문을 하다(자문하다), 조언을 구하다, 도움말을 청하다.

036 의미의 중복

국립국어원에서 모든 중복적 표현이 비문법적 표현이 아니라 의미를 강조하려는 동어반복의 조어법으로 인정. 따라서 비문이라기보다는 중복된 잉여적 표현으로 보는 것이 타당함

가까운 근방(近方)	높은 고온(高溫)	스스로 자각(自覺)	처갓(妻家)집
같은 동포(同胞)	다시 복습(復習)	쓰이는 용도(用途)	청천(晴天) 하늘
겪은 경험(經驗)	담임(擔任)을 맡다.	앞으로 전진(前進)	축구(蹴球)를 차다.
계속 속출(續出)	더러운 누명(陋名)	어린 소녀(少女)	큰 대문(大門)
고목(古木) 나무	따뜻한 온정(溫情)	역전(驛前) 앞	탈꼴찌에서 벗어나
과반수(過半數) 이상	모두 다	완전히 전멸(全滅)	투고(投稿)한 원고
긴 장대(長─)	미리 예비(豫備)	음모(陰謀)를 꾸미다.	폭음(爆音)소리
날조(捏造)된 조작극	밖으로 표출(表出)	이름난 명산(名山)	푸른 창공(蒼空)
남은 여생(餘生)	새 신랑(新郎)	좋은 호평(好評)	허연 백발(白髮)
넓은 광장(廣場)	서로 상충(相衝)	죽은 시체(屍體)	혼자 독학(獨學)
족(足)발	여성 자매(姊妹)	형극(荊棘)의 가시밭길	기간(期間) 동안
참고 인내(忍耐)	공기를 환기(換氣)	보는 관점(觀點)	돌이켜 회고(回顧)
소급(遡及)하여 올라가	뇌리(腦裏) 속	박수(拍手)를 치다.	접수(接受) 받다.
근거 없는 낭설(浪說)	삭제(削除)하여 빼도록	동해(東海) 바다	배우는 학생
명백(明白)히 밝히다.	유산(遺産)을 물려주다.	새로 들어온 신입생(新入生)	가까이 접근(接近)
새로운 신곡(新曲)	주어진 여건(與件)	오래오래 장수(長壽)	개인적인 사견(私見)
완전히 근절(根絶)	사람 없는 무인도(無人島)	소위(所謂) 말하는	

037 쌍동밤, 총각무

○	×
쌍동밤	쪽밤
총각무	알타리무

038 음운(音韻)

말의 뜻을 구별해 주는 소리의 최소 단위로, 사람들이 머릿속에서 같은 소리로 인식하는 추상적 · 심리적인 말소리이다.

1. 분절 음운(음소)

자음이나 모음과 같이 분절되는 음운으로, 독립적으로 실현된다.

2. 비분절 음운(운소)

소리의 길이, 높낮이, 세기 등
→ 현대 국어의 장음, 중세 국어의 성조, 영어의 강세 등은 비분절 음운에 해당한다.

알맹이 이론

- 음성(音聲, voice): 사람이 발음기관을 통해 내는 말소리
- 음절(音節): 발음할 때 한번에 낼 수 있는 소리의 덩어리

039 접미사 '–적(的)'이 붙는 말의 품사 구별

1. 관형사

'–적'+체언 → 체언 앞에 단독으로 온다.

예 역사적 선거

2. 명사

'–적'+조사 → 조사 앞에 위치한다.

예 • 역사적인 책임　　　　　　　　　• 독보적인 기록

3. 부사

'–적'+용언 → 용언/부사를 수식한다.

예 • 비교적 느리다.　　　　　　　　　• 가급적 참아주자.
　　• 가급적 빨리 처리하다.

040 훈민정음 제자원리

1. 초성(初聲) 제자원리

오음(五音) ＼ 제자	기본자	가획자	이체자
아음(牙音)	ㄱ	ㅋ	ㆁ
설음(舌音)	ㄴ	ㄷ, ㅌ	ㄹ
순음(脣音)	ㅁ	ㅂ, ㅍ	
치음(齒音)	ㅅ	ㅈ, ㅊ	ㅿ
후음(喉音)	ㅇ	ㆆ, ㅎ	

기본자를 발음기관을 상형하여 만든 뒤, 이에 획을 더하여 17자의 초성을 만들었다.

2. 중성(中聲) 제자 원리

기본자	상형
·	하늘의 모양을 본뜸
—	땅의 모양을 본뜸
ㅣ	사람의 서 있는 모습을 본뜸

기본 글자의 형성	초출자	재출자
·+—	ㅗ	ㅛ
ㅣ+·	ㅏ	ㅑ
—+·	ㅜ	ㅠ
·+ㅣ	ㅓ	ㅕ

모음의 기본자는 하늘과 땅과 사람의 형상을 본떠 만들었다. '·'는 둥근 하늘을, '—'는 평평한 땅을, 'ㅣ'는 서 있는 인간의 모습을 본뜬 것이다. 다른 모음 글자는 이 세 글자를 기본으로 서로 결합하여 만들었다.

04~05 정답 및 해설
알맹이 노트 p. 72

04
다음 중 '훈민정음 28자'에 해당하지 <u>않는</u> 것은?   2015 기상직 9급

① ㅿ   ② ㅸ   ③ ㆆ   ④ ·

05
'훈민정음'에 대한 설명으로 가장 바르지 <u>못한</u> 것은?   2015 경찰직 2차

① 'ㄱ, ㄴ, ㅁ, ㅅ, ㅇ'은 각각 발음기관을 상형하여 만들었다.
② 'ㄴ'에 가획(加劃)의 원리를 적용하여 'ㄷ, ㅌ, ㄸ'을 만들었다.
③ 모음 자모 '·, —, ㅣ'는 각각 하늘, 땅, 사람을 상형하여 만들었다.
④ 'ㄹ, ㅿ'을 살펴보면 다른 한글 자모에 쓰인 가획의 원리와 차이가 있다.

041 보조용언 '않다, 못하다'의 품사 구별

보조용언 '않다(아니하다), 못하다'는 본용언의 품사에 따라 결정된다.

1. 가지 **못한다**: 동사

2. 예쁘지 **못하다**: 형용사

3. 가지 **않는다**: 동사

4. 다음 중 바르지 **않은** 것은? 다음 중 알맞지 **않은** 것은?: 형용사

5. 다음 중 맞지 **않은/않는** 것은? 다음 중 일치하지 **않은/않는** 것은?: 동사

1. 서울에서 뉴욕까지 비행기 값이 얼마냐.
   → '값'은 물건 통째의 가격을 말한다. 비행기, 버스, 택시 등 교통수단의 요금은 '삯'이라고 한다.
2. 나는 너하고 틀려. 리보솜과 리소좀을 서로 틀린 거야.
   → '틀리다'의 반대말은 '맞다'이고 '다르다'의 반대말은 '같다'이다.
3. 현대 사회에서는 유래를 찾아볼 수 없을 만큼 정보가 넘쳐 난다.
   → '유래(由來)'는 '사물이나 일이 생겨나는 것'의 의미이다. '유례(類例)'는 '같거나 비슷한 예'를 뜻하는 의미이다. 여기서는 '유례'로 고쳐야 한다.
4. 김 과장의 사위는 훤칠한 외모와 폭넓은 교양을 갖춘 재원(才媛)이다.
   → '재원(才媛)'은 '재주 있는 젊은 여자'의 의미이다. 여기서는 '재자(才子)/인재'로 고쳐야 한다.
5. 이번 아이디어 상품의 출시 여부에 따라 사업의 승패가 결정된다.
   → '승패(勝敗)'는 승리와 패배이고, '성패(成敗)'는 성공과 실패이다. 여기서는 '성패'로 고쳐야 한다.
6. 공무원은 불편부당(不偏不黨)하지 않도록 최선을 다해야 한다.
   선수들은 심판의 불편부당한 판정에 거칠게 항의했다.
   → '불편부당(不偏不黨)'은 '치우침이 없이 공평하게'의 의미이다. 문맥에 맞게 '~않다'라는 말과 어울려서 쓰도록 해야 한다.
7. 김 단장은 "민족 공동의 번영을 이뤄 나가자."라고 서명(署名)했다.
   → '서명(署名)'이란 '자기 이름을 문서에 적음'을 의미한다. 여기서는 '썼다'로 고쳐야 한다.
8. 나는 그 사람의 유명세가 무척 부럽다.
   → '유명세(有名稅)'는 '세상에 이름이 널리 알려진 일 때문에 당하는 불편이나 곤욕'을 세금에 비유하여 속되게 일컫는 말이므로, 부러움의 대상이 아니다. '인기가'로 고쳐야 한다.
9. 그 사촌 형님과 저는 3년 터울입니다.
   → '터울'은 '한 어머니가 낳은 자식들 사이의 나이 차이'를 말할 때만 쓸 수 있다. '차이'로 바꾸어야 한다.
10. 농부들은 우박으로 초토화된 밭을 보고 가슴을 쓸었다.
    → '초토'는 '불에 타서 검게 그을린 땅'을 말한다. 따라서 우박으로 인해 초토화됐다는 표현은 맞지 않는다. '엉망이 된'으로 고쳐야 한다.
11. 강 교수님, 이번에 정년을 하시면서 훈장이 추서되셨다고 들었습니다.
    → '추서(追敍)'는 '죽은 뒤에 관등을 올리거나 훈장 따위를 주다'의 의미이다. 여기서는 '수여'로 고쳐야 한다.
12. 홀몸도 아닌데, 너무 무리하지 마세요. 교통사고로 남편을 잃고 홑몸이 되었다.
    → '홑몸'은 '임신하지 않은 몸, 딸린 사람이 없는 혼자의 몸'의 의미이다. '홀몸'은 '배우자나 형제가 없는 사람'을 의미한다.
13. ○○○선생님께 사사(師事)받고 있습니다.
    → '사사(師事)'는 '스승으로 섬겨 가르침을 직접 받음'의 의미이다. '사사받다'가 되면 의미 중복이 되어 모순이다. 여기서는 '~을 사사하다'로 고쳐야 한다.
14. 난이도(難易度)를 높이어 문제가 어려워졌다.
    → '난이도(難易度)'는 '어려움과 쉬움의 정도'의 의미이다. '높다'라는 말과 어울리지 않는다. 여기서는 '난도'로 고쳐야 한다.
15. 작은 아버지는 올해 향년 85세이다.
    → '향년(享年)'은 '한평생 살아 누린 나이로 죽을 때의 나이'의 의미이다. 그해까지의 나이, 즉 현재의 나이는 '당년(當年), 행년(行年)'으로 고쳐야 한다.

알맹이 풀이

1. 삯
2. 달라, 다른
3. 유례
4. 재자(才子)/인재
5. 성패
6. 불편부당하도록, 불편부당하지 않은
7. 썼다
8. 인기가
9. 차이입니다
10. 엉망이 된
11. 수여
12. 홑몸, 홀몸
13. ○○○선생님을 사사(師事) 하고
14. 난도(難度)
15. 행년/당년

043 외래어 표기 주요 원칙

1. 외래어 표기 7가지 원칙

① l(모음, m/n) → ㄹㄹ 표기

*프랭카드(×), 플랭카드(×)

slide → 슬라이드	clinic → 클리닉	melon → 멜론	drycleaning → 드라이클리닝
poclain → 포클레인	placard → 플래카드(○)	club → 클럽	sunglass → 선글라스

② 발음이 [ou] → 오

yellow → 옐로	snow → 스노	window → 윈도
rainbow → 레인보	shadow → 섀도	boat → 보트

③ f → ㅍ

fighting → 파이팅	file → 파일	family → 패밀리	fried chicken → 프라이드치킨
foundation → 파운데이션	frypan → 프라이팬	foil → 포일	

④ –sh: 시/–shop: 숍/–ship: 십

english → 잉글리시	brush → 브러시	flash → 플래시
coffee shop → 커피숍	workshop → 워크숍	leadership → 리더십

⑤ ㅈ, ㅊ 계열 → 이중모음 표기 않음 (쟈, 져, 죠, 쥬, 챠, 쳐, 쵸, 츄 ×)

쥬스 → 주스	텔레비젼 → 텔레비전	스케쥴 → 스케줄
어드벤쳐 → 어드벤처	시츄에이션 → 시추에이션	슈퍼쥬니어 → 슈퍼주니어
피카츄 → 피카추	레져 → 레저	챤스 → 찬스

⑥ 된소리 표기 하지 않음

모짜르트 → 모차르트	까페 → 카페	삐에로 → 피에로
꼬냑 → 코냑	빠리 → 파리	써비스 → 서비스
꽁트 → 콩트	째즈 → 재즈	딸기쨈 → 딸기잼
씽크대 → 싱크대	써클 → 서클	

예외 관용적으로 쓰이는 경우는 인정: 껌, 빵, 샤쓰, 짬뽕, 히로뽕, 삐라, 쓰나미

⑦ 받침은 'ㄱ, ㄴ, ㄹ, ㅁ, ㅂ, ㅅ, ㅇ'의 7개만 받침으로 표기

굳모닝 → 굿모닝	케잌 → 케이크	슈퍼마켙, 슈퍼마켄 → 슈퍼마켓
커피숖 → 커피숍	디스켇 → 디스켓	

알맹이 이론

외래어 표기 Best 12

○	×
내비게이션	네비게이션
액세서리	악세사리
메시지	메세지
소시지	소세지
슈퍼마켓	슈퍼마켙, 슈퍼마켄
플래카드	플랭카드, 플랑카드
하이라이트	하일라이트
난센스	넌센스
도넛	도너츠
로켓	로케트
카펫	카페트
밀크셰이크	밀크쉐이크

2. 생략해서 쓰면 안 되는 외래어 주요 표기

레크리에이션	나르시시즘	스테이플러	알코올
액셀러레이터	매니큐어	지그재그	앙코르
가스레인지	스테인리스		

3. 불필요한 ㅅ 받침 외래어 표기

마사지	데생	배지	스케치북
새시(창틀)	카세트	트로트	오디세이
발레파킹			

4. 주의해야 할 외래어 표기

달마티안, 몰티즈, 불도그, 셰퍼드	초콜릿, 비스킷, 코코넛(*nut)
로켓, 카펫, 라켓, 소켓	악센트(○) 액센트(×), 악세사리(×) 액세서리(○)
알코올(○) 알콜(×), 앙코르(○) 앵콜(×)	리모컨, 에어컨, 레미콘
케첩, 마가린	크리스천(○) 크리스찬(×), 가톨릭(○) 카톨릭(×)

5. 시험 기출 단어

*cosmopolitian: 세계주의자

2015 기상직	포클레인, 액셀러레이터, 라스베이거스, 컨소시엄, 그러데이션, 깐풍기, 콘텐츠, 아이섀도, 밀크셰이크, 코즈모폴리턴, 엘니뇨, 판다
2015 국회직	뉴턴, 슬로바키아, 도이칠란트, 링거, 도스토옙스키, 플래시, 로브스터, 버저, 콘사이스, 파일, 리더십, 케첩, 코즈모폴리턴, 스프링클러, 콘셉트, 카펫, 앙코르, 타깃, 심포지엄, 플루트
2015 서울시	서비스, 소시지, 소파, 싱크대, 팸플릿, 리더십, 스카우트, 보디로션, 슈퍼마켓
2016 충남 소방직	팸플릿, 싱크대, 시그널, 매트리스, 비전, 소시지, 뷔페, 카페, 초콜릿, 매뉴얼
2016 경찰직 1차	지그재그, 비전, 옐로, 리더십
2016 국가직	슈림프, 플래시, 프레젠테이션, 뉴턴
2016 국회직	바비큐, 다이내믹, 옥스퍼드, 쿵후, 케이크
2016 교행직	카탈로그, 배드민턴, 레크리에이션, 렌터카, 팸플릿, 스케일링
2016 서울시 9급	벌브(bulb), 옐로(yellow), 플래시(flash), 워크숍(workshop), 알코올(alcohol), 로봇(robot), 보트(boat), 서클(circle), 밸런스(balance), 도넛(doughnut), 스위치(switch), 리더십(leadership), 배지(badge), 앙코르(encore), 콘테스트(contest), 난센스(nonsense)
2016 서울시 7급	로브스터/랍스터(lobster), 시그널(signal), 지그재그(zigzag), 재즈(jazz), 마니아(mania), 브리지(bridge), 보트(boat), 스위치(switch), 인디언(Indian), 유니언(union), 톱 클래스(top class), 휘슬(whistle)
2016 군무원 9급	주스, 비스킷, 초콜릿, 앙케트
2016 국회직 9급	라이선스, 카펫, 바리케이드, 카뷰레터, 타월
2016 지방직 7급	브러시, 케이크, 카펫, 파리, 초콜릿, 셰퍼드, 슈퍼마켓, 서비스
2017 경기 경찰직	파이팅, 커피숍, 콩트, 재즈
2017 국회직 8급	커스터드푸딩, 배지, 솔 뮤직, 시칠리아
2017 교행직 9급	가톨릭(Catholic), 쇼트커트(short cut), 챔피언(champion), 캐리커처(caricature), 시뮬레이션(simulation), 카레(curry)
2017 교행직 7급	캐럴(carol), 샌들(sandal), 케첩(ketchup), 카디건(cardigan), 케이크(cake), 멤버십(membership)
2017 하반기 지방직 9급	옐로, 카디건, 랍스터, 비전, 컨테이너
2017 하반기 국가직 7급	커미션, 콘서트, 콘셉트, 에어컨, 리모컨
2018 국회직 8급	게티즈버그(Gettysburg), 알레르기(Allergie), 컬렉션(collection), 미네랄(mineral), 아콰마린(aquamarine)

2018 국회직 9급	랍스터, 달마티안, 카페, 메타세쿼이아, 케이크
2018 하반기 소방직	재즈, 카페, 비전, 슈퍼마켓
2019 서울시 9급	도트(dot), 파카(parka), 플랫(flat), 코러스(chorus)
2019 국회직 8급	기타큐슈(Kitakyûushûu), 소셔드라마(sociodrama), 도스토옙스키(Dostoevsky), 아바나(Havana), 키리바시(Kiribati)

044 수사돈, 암사돈, 밭사돈, 안사돈

수사돈	사위 쪽의 사돈	암사돈	며느리 쪽의 사돈
밭사돈	남자 사돈	안사돈	여자 사돈

* 사위의 친어머니: 수사돈, 안사돈
* 며느리의 친정아버지: 암사돈, 밭사돈

045 반증, 방증

반증(反證)	어떤 사실이나 주장이 옳지 아니함을 그에 반대되는 근거를 들어 증명함 예 그의 주장은 논리가 워낙 치밀해서 반증을 대기가 어렵다.
방증(傍證)	간접적으로 증명에 도움을 주는 증거 예 최근 항공기 회항 사건은 '갑질 문화'의 대표적인 방증이다.

046 모음조화 – 한글 맞춤법 제16항

ㅏ, ㅗ, ㅑ(양성모음) 이외에는 'ㅓ'와 결합한다.

예 뺏다 → 뺏어 (뺏아×)   뱉다 → 뱉어 (뱉아×)
　　앝다 → 앝아 (앝어×)   얇다 → 얇아 (얇어×)
　　나쁘다 → 나빠 (나뻐×)   아프다 → 아파 (아퍼×)

047 ‒므로, 으로(써)

1. ‒므로 ‒ 연결 어미(까닭, 원인)

예 그가 나를 믿으므로, 나도 그를 믿는다.

예 비가 오므로, 외출하지 못했다.

* ‒므로써(×) 표기는 무조건 틀림

2. (ㅁ)으로(써) ‒ 조사(수단, 도구)

예 그는 믿음으로(써) 보답했다.

예 담배를 끊음으로 용돈을 줄이겠다.

예 그는 열심히 공부함으로써 시험에 합격했다.

048 ‒까, ‒꼬, ‒쏘냐 ‒ 의문형 종결 어미의 된소리 표기 (한글 맞춤법 제53항)

> 의문형 종결 어미 '‒ㄹ까? / ‒ㄹ꼬? / ‒ㄹ쏘냐?'의 어미들은 된소리로 적는다.

예 빌어먹는 놈이 콩밥을 마다할까.

예 이 일을 어찌 할꼬.

* 그 외의 어미들은 예사소리로 적는다: ㄹ게/ㄹ걸/ㄹ거나/ㄹ지/ㄹ지언정…

예 다시 연락할게/너보다 키가 더 클걸/함께 노래를 부를거나.

049 준말만이 표준어 (표준어규정 제14항)

• 따리
  – 짐을 머리에 일 때 받치는 고리 모양의 물건
  – 둥글게 빙빙 틀어 놓은 것

준말(○)	본말(×)	준말(○)	본말(×)
생쥐	새앙쥐	따리	또아리
무	무우	온갖	온가지
장사치	장사아치		

050 사동과 피동

주동(主動)	주어가 동작을 직접 하는 것
사동(使動)	주어가 남에게 동작을 하도록 시키는 것
능동(能動)	주어가 동작을 제 힘으로 하는 것
피동(被動)	주어가 다른 주체에 의해서 동작을 당하게 되는 것

1. 사동과 피동의 구별

① 사동사: 타동사(목적어가 필요함)

　예 불이 얼음을 <u>녹인다</u>. – 사동사

② 피동사: 자동사(목적어가 필요 없음)

　예 토끼가 사냥꾼에게 <u>잡혔다</u>. – 피동사

　※ 일부 예외 있음

　예 철수가 호랑이에게 다리를 <u>물렸다</u>. – 피동사

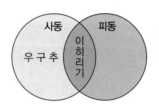

사동　피동
우 구 추　이 히 리 기

알맹이 연습문제

※ 피동문과 사동문 구별하기 연습

1) 건물 사이로 하늘이 <u>보이다</u>. 　　　(　　)
2) 철수에게 영화를 <u>보이다</u>. 　　　　(　　)
3) 철수에게 보따리를 <u>들리다</u>. 　　　(　　)
4) 양손에 보따리가 <u>들리다</u>. 　　　　(　　)
5) 그에게 손이 <u>잡히다</u>. 　　　　　　(　　)
6) 아이에게 연필을 <u>잡히다</u>. 　　　　(　　)
7) 동생이 새 시계를 내게 <u>보였다</u>. 　(　　)
8) 구름 사이로 희미하게 해가 <u>보였다</u>. (　　)
9) 태희는 반지마저 유진에게 <u>보여</u> 주었다. (　　)
10) 아이들은 종이비행기만 하늘로 <u>날렸다</u>. (　　)

알맹이 풀이

1) 피동
2) 사동
3) 사동
4) 피동
5) 피동
6) 사동
7) 사동
8) 피동
9) 사동
10) 사동

051 본말과 준말이 모두 표준어

노을/놀	막대기/막대
망태기/망태	시누이/시뉘/시누
오누이/오뉘/오누	

052 부사어와 서술어의 호응

1. 긍정적 호응

과연 ~하구나	• 오늘 직접 보니 과연 그분이 당신을 칭찬할 만하구나. • 과연 그 사람은 영리하구나.

2. 부정적 호응

• 여간 ~지 않다 • 결코/절대로/비단 ~아니다, ~해서는 안 된다 • 전혀 ~없다, ~아니다 • 별로/그다지/아직 ~지 않다 • 차마 ~ㄹ 수 없다	• 절대로 이것은 사실이 아닙니다. • 그다지 돈은 중요하지 않습니다. • 나는 이번 일을 결코 그냥 넘어가지 않을 것이다. • 그것은 여간 재미있지 않다. • 이것은 비단 우리 학교만의 문제가 아니다. • 그는 너무 부끄러워 차마 얼굴을 들 수 없었다.

3. 반의적 호응

• 뉘라서 ~(으)ㄹ 것인가? • 하물며 ~랴?	짐승도 그럴 수가 없거늘 하물며 인간이 그럴 수가 있으랴?

4. 추측적 호응

아마/틀림없이 ~(으)ㄹ 것이다	이번엔 우리 팀이 틀림없이 이길 것이다.

5. 가정적 호응

• **만약/만일** ~더라도 • **혹시/아무리/설령** ~ㄹ지라도 • **비록** ~ㄹ지라도, ㄴ들, ~지만, 　~더라도, ~어도	• 비록 사소한 것일지라도 아버지와 의논해야 한다. • 설령 그가 그것을 훔쳤다 할지라도 너는 그를 믿어 주어야 한다.

6. 당위적 호응

모름지기/마땅히/당연히/반드시 ~해야 한다.	• 청년은 모름지기 진취적이어야 한다. • 자식이라면 마땅히 부모에게 효도해야 한다.

7. 비교적 호응

마치/흡사 ~처럼, ~같이, ~와 같다	그녀의 목소리는 마치 천상에서 울리는 음악 소리와 같다.

8. 인과적 호응

왜냐하면 ~ 때문이다	왜냐하면 늦어서 버스를 놓쳤기 때문이다.

9. 한정적 호응

오직 ~ 뿐입니다	오직 모든 것은 하늘에 맡길 뿐입니다.

053 습관적으로 'ㄹ 형태' 어미를 잘못 쓰는 경우

1. -려고 (의도)

> 잠을 잘려고(×)/잘라고(×)/자려고(○)　　　　공부할려고(×)/공부하려고(○)

2. -려면

> 일을 할려면(×) 제대로 해야지 → 하려면(○)

3. -려야

> 미워할래야(×)/미워하려야(○)　　　　　떼ㄹ려야(×)/떼려야(○) 뗄 수 없는 관계

054 주의해야 할 복수표준어

1.

> - 들락거리다/들랑거리다/들락대다/들랑대다
> - 들락날락/들랑날랑
> - 들쭉날쭉/들쑥날쑥
> - 꺼림칙하다/께름칙하다/꺼림하다/께름하다
> - 거슴츠레하다/게슴츠레하다
> - 나부랭이/너부렁이 (※ 나부랑이×, 너부렝이×, 너부랑이×)
> - 애순/어린순 (※ 애벌레○/어린벌레×)
> - 돼지감자/뚱딴지 (※ 고구마○/참감자×)
> - 아무튼/어떻든/어쨌든/하여튼/여하튼 (※ 아뭏든×, 어쨋든×)
> - 멍게/우렁쉥이
> - 물방개/선두리
> - 가뭄/가물
> - 모쪼록/아무쪼록

2. 앞, 뒤를 바꿔 쓰는 경우

①
밑층/아래층	오른손/바른손
위아래/아래위	엎치락뒤치락/뒤치락엎치락

②
붉으락푸르락(○)/푸르락붉으락(×)	쥐락펴락(○)/펴락쥐락(×)
개소리괴소리(○)/괴소리개소리(×)	괴발개발(○)＝개발새발(○)/개발괴발(×)

3. 복수표준어(3개짜리)

꼬까/때때/고까	멀찌감치/멀찌가니/멀찍이	보통내기/여간내기/예사내기
여태껏/이제껏/입때껏 (※ 여직껏×)	되우/된통/되게	눈대중/눈어림/눈짐작
생/새앙/생강	연달다/잇달다/잇따르다	철따구니/철딱서니/철딱지

---

055 ㄱ 받침 주의 표준어

부스러기(○)/부스럭지 (×)	꼭두각시(○)/꼭둑각시 (×)	뾰두라지＝뾰루지(○)/뾰두락지 (×)

056 한글 맞춤법 제40항

1. 울림소리+하 (ㅏ 탈락, ㅎ만 남아 축약됨)

연구하도록 → 연구토록   단언하건대 → 단언컨대   다정하다 → 다정타   흔하다 → 흔타

2. 안울림소리+하 (하 탈락)

넉넉하지 → 넉넉지   깨끗하지 → 깨끗지   생각하건대 → 생각건대

057 결제, 결재

결제(決濟)	카드 결제, 현금 결제, 어음 결제 (매매, 거래, 처리)
결재(決裁)	결재 서류 (상관이 검토, 승인)

예 사장님 (결재)한 후에 현금(결제)하다.

058 햇빛, 햇볕, 햇살

햇빛	해의 빛 (시각) 예 (햇빛)이 밝다.
햇볕	해의 뜨거운 기운 (촉각) 예 (햇볕)이 뜨겁다./(햇볕)에 그을리다.
햇살	해가 내쏘는 광선 예 (햇살)이 눈부시다.

059 임신부, 임산부

임신부(姙娠婦)	=임부, 아이 밴 여자 예 노약자와 {임신부(○), 임산부 (×)} 관람 금지
임산부(姙産婦)	=임부+산부(아이를 갓 낳은 여자) 예 임산부로 북적이는 산부인과, 임산부 보호석

060 담금질, 단근질

담금질	고온으로 열처리한 금속 재료를 강하게 만들기 위한 공정 또는 (선수 등의) 훈련을 비유 예 쇠는 담금질하면 더 단단해진다./선수들을 혹독하게 담금질하다.
단근질	불로 달군 쇠로 몸을 지지는 일 예 그는 모진 단근질까지 당하고도 말문을 끝까지 열지 않았다.

061 한글 맞춤법 제5항, 제13항

ㄱ, ㅂ 받침 뒤 → 예사소리 표기	국수, 맵시, 깍두기, 몹시, 법석, 깍둑깍둑(깍두기), 싹둑싹둑(칼싹두기), 쑥덕쑥덕

예외 제13항: 같은 음절이 겹쳐진 부분은 같은 소리로 적는다.
예 딱딱, 쌉쌀하다, 쓱싹쓱싹, 짭짤하다

062 — 量 량(양), 欄 란(난), 龍 룡(용), 陵 릉(능)

量 헤아릴 량(양), 欄 칸 란(난), 龍 용 룡(용), 陵 언덕 릉(능)

1. 고유어, 외래어 결합 – 두음법칙(○)

구름양	알칼리양	허파숨양
어린이난	스포츠난	가십난
암용	수용	아기능

2. 한자어 결합 – 본음으로 표기, 두음법칙(×)

질량	산소량	폐활량
독자란	투고란	소식란
쌍룡	청룡	흑룡
정릉	서오릉	

063 — 매무시, 매무새

매무시	옷을 입고 난 후 여미는 뒷단속+동사(하다, 고치다) 예 옷을 입고 매무시를 고치다./손을 씻고 나서 매무시를 하다.
매무새	옷을 입은 모양새+형용사(곱다, 예쁘다, 단정하다) 예 옷매무새가 곱다./새로 산 옷매무새가 예쁘다.

064 종성법(받침 표기)의 변천

1. 종성부용초성(終聲復用初聲)

① 자음 17자 모두를 종성으로 사용 가능
② 훈민정음 '예의'의 규정
③ 〈용비어천가〉, 〈월인천강지곡〉에만 적용
　　예 곶 됴코, 빛나시리이다

2. 8종성법 - 중세 국어

① 8자(ㄱ, ㄴ, ㄷ, ㄹ, ㅁ, ㅂ, ㅅ, ㅇ)만 종성으로 가능
② 훈민정음 '해례'의 규정
③ 조선 전기 대부분의 문헌
　　예 ᄉᆞᄆᆞᆺ디, 곳, 받

3. 7종성법 - 근대 국어

① 7자만 사용(ㄷ → ㅅ) (*현대 국어 외래어표기법의 받침표기 규정과 동일함)
② 조선 후기 문헌(17세기 이후)에 사용
　　예 벗(벋 → 벗), 밧(밭 → 받 → 밧)

4. 한글 맞춤법 통일안(1933년) 공포 이후 - 현대 국어

종성부용초성에 의거하여 모든 자음을 받침으로 표기. 단, 발음상으로는 7 대표음(ㄱ, ㄴ, ㄷ, ㄹ, ㅁ, ㅂ, ㅇ)을 인정

065 원음의 한자어를 버린 경우

○ (우리말-변이음)	× (한자어-원음)	○ (우리말-변이음)	× (한자어-원음)
봉죽	봉족(奉足)	사글세	삭월세(數月)
미루나무	미류나무(美柳)	주책없다	주착(主着)
괴팍하다	괴퍅하다(乖愎)	주추, 주춧돌	주초(柱礎)

• 봉죽: 일을 꾸려나가는 사람을 곁에서 도와줌

066 **녁 – 띄어쓰기 주의**

저물녁, 새벽녁 (하나의 단어)	붙여 써야 함
동틀 녁, 아침 녁, 황혼 녁	띄어 써야 함
해 뜰 녁, 해 질 녁	띄어 써야 함

067 **국어 순화어 Best 20**

1. 순화(醇化)

들어온 말(외래어) → 토박이 말(고유어)

2. 미화(美化)

① 틀린 말 → 맞는 말
② 어려운 말 → 쉬운 말
③ 비속한 말 → 고운 말

• 작일: 어제
• 금일: 오늘

지분 → 몫	구좌 → 계좌	몽리(蒙利) → 이익
곤색 → 감색	생방송 → 현장방송	내역서 → 명세서
명일(明日) → 내일(＝익일)	살색 → 살구색	학부형 → 학부모
망년회 → 송년회	가건물 → 임시건물	고수부지 → 둔치
싱글맘 → 홀보듬엄마	스타일리스트 → 맵시가꿈이	포스트잇 → 붙임쪽지
이모티콘 → 그림말	캠프파이어 → 모닥불놀이	견습 → 수습
내비게이션 → 길도우미	마스터플랜 → 기본계획	

068 ▶ 칸

칸(○)/간(×)	칸막이, 빈칸, 방 한 칸

[예외] 초가삼간, 마구간, 외양간, 수라간, 고깃간, 푸줏간

알맹이 이론

- 윗간(방) ↔ 아랫간
- 위 칸 ↔ 아래 칸

어휘 풀이

- 윗간: 온돌방에서 아궁이로부터 먼 부분. 굴뚝에 가깝다.

069 ▶ ㅏ 형태 표준어

| 모자라다(○) 모자르다(×) | 나무라다(○) 나무래다(×) | 바라다(○) 바래다(×) |

070 ▶ 가름, 갈음, 가늠

가름	(가르다) 구별하다 예 선수들의 투지가 승패를 가름했다.
갈음	(갈다) 대신하다, 교체하다 예 연하장으로 새해를 갈음한다./가족 인사로 약혼식을 갈음한다.
가늠	헤아려 짐작하다, 조준하다 예 승패를 가늠하기 어렵다.

알맹이 풀이

1) 너, 선생님께서 빨리 오라셔 (오라고 하셔).
2) 주례 선생님의 말씀이 있으시 겠습니다.
3) 리보솜과 리소좀은 서로 다른 거야.
4) 내가 친구 한 명 소개해 줄게.
5) 아버님, 올해도 건강하게 지 내세요/아버님, 올해도 건강 하시기를 바랍니다.
6) 보세요, 잘 날아가지 않습니 까?
7) 영화가 매우 재미있습니다.

알맹이 연습문제

1) 높임법의 잘못된 사용
너 선생님이 빨리 <u>오래</u>.
→ _____

2) 간접 높임법의 잘못된 사용
주례 선생님의 말씀이 <u>계시겠습니다</u>.
→ _____

3) 부정확한 단어의 사용
리보솜과 리소좀은 서른 <u>틀린</u> 거야.
→ _____

4) 사동형의 잘못된 활용
내가 친구 한 명 <u>소개시켜</u> 줄게.
→ _____

5) 형용사의 잘못된 활용
아버님, 올해도 <u>건강하세요</u>.
→ _____

6) 동사의 잘못된 활용
보세요, 잘 <u>날라가지</u> 않습니까?
→ _____

7) 추정하는 표현의 남용
영화가 매우 <u>재미있는 것 같습니다</u>.
→ _____

외국어 번역 투 – 우리말답지 않은 표현

알맹이 연습문제

1) 그 사람은 선각자에 다름 아니다.

　→ ＿＿＿＿＿＿＿＿＿＿＿＿＿＿＿＿＿＿＿＿＿＿＿

2) 그의 작품은 이러한 주목에 값한다.

　→ ＿＿＿＿＿＿＿＿＿＿＿＿＿＿＿＿＿＿＿＿＿＿＿

3) 우리 모두 내일 오전 10시에 회의를 갖도록 하자.

　→ ＿＿＿＿＿＿＿＿＿＿＿＿＿＿＿＿＿＿＿＿＿＿＿

4) 불조심하는 것은 아무리 강조해도 지나치지 않는다.

　→ ＿＿＿＿＿＿＿＿＿＿＿＿＿＿＿＿＿＿＿＿＿＿＿

5) 나는 학생들에 대하여 많은 관심을 기울이고 있다.

　→ ＿＿＿＿＿＿＿＿＿＿＿＿＿＿＿＿＿＿＿＿＿＿＿

6) 학생 회의에 있어 진지하게 참여하는 것이 중요합니다.

　→ ＿＿＿＿＿＿＿＿＿＿＿＿＿＿＿＿＿＿＿＿＿＿＿

7) 춘향호의 선장과 선원들은 배 침몰과 함께 사망했습니다.

　→ ＿＿＿＿＿＿＿＿＿＿＿＿＿＿＿＿＿＿＿＿＿＿＿

알맹이 풀이

1) 그 사람은 선각자나 다름 없다.
2) 그의 작품은 주목할 만하다.
3) 우리 모두 내일 오전 10시에 회의를 하도록 하자.
4) 언제나 불조심해야 한다./불조심은 늘 강조해야 한다.
5) 나는 학생들에게 관심이 많다./나는 학생들에게 관심을 많이 두고 있다.
6) 학생 회의에 진지하게 참여하는 것이 중요합니다.
7) 춘향호의 선장과 선원들은 배가 침몰하여 사망했습니다./춘향호가 침몰하자 그 배의 선장과 선원들은 사망했습니다.

알맹이 이론

외국어 번역 투

- 회의를 갖도록 합시다(have a meeting). → 회의를 하자.
- 아무리 강조해도 지나치지 않다(It is not ~ too much to ~). → 늘 강조해야 한다./언제나~해야 한다.
- 이것을 고려에 넣는다면(take account of) → 이것을 고려한다면
- 할 필요가 있다(it is necessary to ~) → ~이 필요하다
- 할 예정으로 있다(be going to) → 할 예정이다, 할 것이다
- 한 잔의 커피(a cup of coffee) → 커피 한 잔
- 나의 살던 고향, 나의 친척(my) → 내가 살던 고향, 우리 친척
- 사람들의 대부분은(most of the people) → 대부분의 사람들은
- 나는 너를 필요로 한다(I need you). → 나는 네가 있어야 한다.
- 현재 생수 개발에 관한(about) 문제점이 많다 → 현재 생수 개발에 문제점이 많다.

073 합성어의 종류

1. 의미에 따른 분류

① 대등(병렬) 합성어 : A+B=AB

두 단어나 어근이 본래의 의미를 가지고 대등한 자격으로 연결된 합성어

팔다리	뛰놀다	마소	손발
논밭	여닫다	높푸르다	

② 종속(수식, 유속) 합성어 : A+B=A(B) 또는 B(A)

두 단어나 어근이 본래의 의미를 유지하지만, 서로 주종(主從)관계로 연결된 합성어

책가방	손수건	국밥	철길
돌다리	소나무	늦가을	디딤돌
손등	봄비	등불	꽃게
가죽신	물걸레	보름달	쇠못
소고기			

③ 융합(融合) 합성어 : A+B=C

두 단어나 어근이 본래의 의미가 없어지고 완전히 융합하여 전혀 새로운 의미를 만들어 내는 합성어

밤낮	늘, 언제나	춘추(春秋)/ 연세(年歲)	나이
피땀	노력과 정성	집안	가족 공동체, 가까운 일가
바늘방석	불안스러운 자리	실마리	사건을 풀어 나갈 수 있는 첫머리
보릿고개	농촌의 식량 사정이 가장 어려운 때	돌아가시다	죽다
선생(先生)	가르치는 사람	두꺼비집	전기 안전장치의 이름
회자(膾炙)	칭찬을 받으며 사람들 입에 자주 오르내림	쥐뿔	아주 보잘것없거나 규모가 작은 것을 비유
광음(光陰)	시간, 세월	수족(手足)	형제나 자식
큰코다치다	크게 봉변을 당하거나 무안을 당하다.	모순(矛盾)	앞뒤가 서로 이치에 맞지 않음
괴발개발/ 개발새발	글씨를 아무렇게나 써 놓은 모양	천지(天地)	온 세상
벼락치기	급히 하는 일	치맛바람	여자의 극성스러운 활동을 비유

2. 형성 방법(결합 방식)에 따른 분류

① 통사적 합성어: 우리말의 일반적인 단어 배열법, 즉 통사적 구성과 일치하는 합성어를 말한다.

㉠ 명사+명사	집안, 눈물, 논밭, 이슬비, 돌다리, 책상, 밤낮, 안팎
㉡ 관형어+체언	새마을, 첫사랑, 새해, 온종일, 군밤, 뭇매, 늙은이, 어린이, 빈주먹, 날짐승, 열쇠, 흰색, 건널목, 된밥, 노린내
㉢ 부사+부사	곧잘, 더욱더, 이리저리
㉣ 부사+용언	잘나다, 그만두다, 마주서다, 못나다, 가로막다, 가만두다
㉤ 조사가 생략된 경우	힘들다, 값싸다, 본받다, 힘쓰다, 선보다, 애쓰다, 꿈같다, 앞서다, 배부르다, 살찌다
㉥ 연결 어미로 이어진 경우 (어간+연결 어미+어간)	돌아가다, 알아보다, 뛰어가다, 스며들다, 들어가다, 약아빠지다, 찾아보다, 가져오다, 데려가다

② 비통사적 합성어: 우리말의 일반적 단어 배열법과 일치하지 않는 합성어를 말한다.

㉠ 어미의 생략	• 명사를 꾸미는 관형사형 어미를 생략하는 경우 예 검버섯, 접칼, 누비옷, 꺾쇠, 덮밥, 곶감, 묵밭, 곱자, 늦잠, 늦더위, 감발 등 • 연결 어미의 생략: 용언을 이어 주는 연결 어미(-아, -어, -게, -지, -고)를 생략하는 경우 예 뛰놀다, 굳세다, 오르내리다, 날뛰다, 굶주리다, 높푸르다, 여닫다, 검붉다, 검푸르다, 짙푸르다 등
㉡ 부사+명사	부사가 명사를 직접 꾸미는 경우 예 부슬비, 척척박사, 산들바람, 곱슬머리, 흔들바위, 얼룩소, 뾰족구두, 헐떡고개, 볼록거울, 껄껄웃음 등
㉢ 한자어의 술목구조	서술어가 목적어 앞에 오는 우리말 어순 배열과 일치하지 않는 경우 예 讀書(독서), 登山(등산), 入學(입학), 歸鄕(귀향)

알맹이 연습문제

※ 통사적 합성어인지 비통사적 합성어인지 구별하시오.

1) 내려서다   2) 또다시   3) 보살피다

4) 오랫동안   5) 감발   6) 솟아나다

7) 열쇠   8) 진흙   9) 빛나다

10) 똑같다   11) 소나무   12) 먹거리

13) 흔들바위   14) 붙잡다   15) 재미있다

알맹이 풀이

1) 통사적 합성어
2) 통사적 합성어
3) 비통사적 합성어
4) 비통사적 합성어
5) 비통사적 합성어
6) 통사적 합성어
7) 통사적 합성어
8) 통사적 합성어
9) 통사적 합성어
10) 통사적 합성어
11) 통사적 합성어
12) 비통사적 합성어
13) 비통사적 합성어
14) 비통사적 합성어
15) 통사적 합성어

074 고전 산문의 장르

1. 설화(說話)

① 신화: 단군 신화, 동명왕 신화, 박혁거세 신화, 김수로왕 신화, 연오랑세오녀 등
② 전설: 서동요 설화, 조신의 꿈, 용소와 며느리바위, 바보 온달과 평강공주, 호동왕자 설화, 지귀 설화 등

구분	신화(神話, Myth)	전설(傳說, Legend)	민담(民譚, Folktale)
개념	한 민족 사이에서 전해 내려오는 신적 존재의 탄생과 그 활동에 관한 이야기	사실이라고 여겨지는 구체적인 장소와 인물에 관한 이야기	민간에서 전해지는 흥미 위주의 이야기
특징	신성성	구체적, 진실성	흥미성, 교훈성
전승 범위	국가적, 민족적 범위	지역적 범위, 구체적 증거물	막연한 시 · 공간
주인공	영웅적 인간, 신적 존재	비범한 인간	평범한 인간

2. 가전체(假傳體)

① 사물을 의인화하여 허구적인 사람의 일대기를 나타낸다.
② 설화와 소설의 교량적 역할을 한다.
③ 계세징인(戒世懲人)을 목적으로 한다.

작품	작자	주요 내용	의인화	연대
국순전	임춘	술을 의인화하여 당시의 정치 현실을 풍자하고 술로 인한 패가망신을 경계하였다. 요사하고 아부하는 정객들을 꾸짖고 방탕한 군주를 풍자하는 것을 목적으로 한다(술의 부정적인 측면).	술	인종
공방전	임춘	엽전을 옥석으로 의인화하여 옥은 빛나고 귀하지만 때때로 어지러운 일에 쓰이고 재물만 탐하는 그릇된 길로 이끌어 가니 경계해야 한다는 내용으로, 처신을 올바르게 할 것을 논하였다.	엽전	인종
국선생전	이규보	등장인물의 이름과 지명을 모두 술 또는 누룩에 관련된 한자를 써서 지었으며, 당시의 문란한 사회상을 풍자하였다. 미천한 몸으로 성실하게 행동했기 때문에 등용되었고 총애가 지나쳐서 잘못을 저질렀지만 물러난 후에는 반성하고 근신할 줄 아는 인간상을 그렸다(술의 긍정적인 측면).	술	고종
청강사자현부전	이규보	거북을 의인화한 작품으로, 왕의 부름에도 응하지 않고 속된 무리와도 어울리지 않는 어진 사람의 행실을 묘사하여 세상 사람들을 경계하였다.	거북	고종
죽부인전	이곡	대나무를 의인화한 주인공 죽부인이 그녀의 남편 송공(松公)을 잃은 뒤에 절개를 지키며 어려운 생애를 마쳤다는 내용이다.	대나무	고려 말
저생전	이첨	종이를 의인화하여 위정자들에게 올바른 정치를 권유하였다.	종이	고려 말
정시자전	석식영암	지팡이를 의인화하여 불교 포교와 지도층의 겸허를 권유하였다.	지팡이	고려 말

3. 설(說)

① 개인적 체험을 일반화하여 나타낸 고려 시대 한문 수필

② 구성 면에서는 보통 2단 구성을 취하는데, 먼저 일반적인 현상이나 사물, 동물에 빗댄 예화를 제시한 후 자신의 의견을 덧붙인다. 즉, '체험(예화)+의견'의 2단 구성이다.

③ 설의 특징은 말하고자 하는 것을 직접 제시하지 않고 돌려서 한다는 것이다. 표현상으로는 우의적, 비유적이고 내용상으로는 교훈적이다.

작품	작자	주요 내용
슬견설(虱犬說)	이규보	'이'와 '개' 이야기. 생명의 소중함. 선입견을 버리고 사물의 본질을 제대로 보아야 한다.
이옥설(理屋說)	이규보	집 수리 경험에 대한 이야기. 잘못을 미리 알고 그것을 고쳐 나가는 자세의 중요성. 유추(행랑채 수리 → 사람의 몸, 정치). 백성을 좀먹는 무리를 빨리 제거하여 정치를 바로 세워야 한다.
경설(鏡說)	이규보	거울 이야기. 사물(거울)을 통해 삶의 이치를 깨닫게 해 줌. 바람직한 처세술과 현실에 대한 풍자. 사물과 현상의 본질을 꿰뚫어 보는 통찰력. 거울은 인간의 본성과 영혼을 상징한다. 누구나 본성은 맑고 깨끗하지만 시간이 지나면 세상의 먼지와 티끌이 끼어 흐려지고 먼지가 끼기 마련이다.
주옹설(舟翁說)	권근	늙은 뱃사공 이야기. 세상을 살아가는 올바른 태도. 안전한 것만을 택해 나태에 빠지기보다 위태로운 상황에 대비하여 늘 조심하고 경계하며 사는 삶의 태도가 중요하다.

4. 소설(小說)

① 한문 소설: 금오신화-이생규장전/만복사저포기/취유부벽정기/남염부주지/용궁부연록(김시습), 양반전/허생전/호질/광문자전/예덕선생전/민옹전(박지원), 숙향전, 운영전, 주생전, 심생전, 창선감의록, 임진록, 임경업전, 최고운전, 오유란전, 화사/수성지/원생몽유록(임제) 등

② 국문 소설: 홍길동전(허균), 구운몽/사씨남정기(김만중), 채봉감별곡, 이춘풍전, 장화홍련전, 서동지전, 콩쥐팥쥐전, 조웅전, 전우치전, 박씨전, 최척전, 유충렬전 등

[금오신화(金鰲新話)의 수록 작품]

작품명	주인공	상대 인물	주요 내용
만복사저포기	양생(梁生)	여귀(女鬼)	양생과 여자 귀신과의 사랑
이생규장전	이생(李生)	최랑(崔娘)	이승과 저승을 오가는 최랑과의 사랑
취유부벽정기	홍생(洪生)	기씨녀(箕氏女)	하늘의 선녀와의 사랑
용궁부연록	한생(韓生)	용왕(龍王)	화려한 용궁 체험과 삶의 무상감
남염부주지	박생(朴生)	염왕(閻王)	염라대왕과의 대담(문답식 토론), 세조의 왕위 찬탈 풍자. 김시습의 사상이 나타남

[연암 박지원의 한문 소설]

작품명	내용	출전
호질	호랑이의 질책, 북곽 선생과 동리자의 위선적인 생활 폭로	《열하일기》에 수록
허생전	허생의 상행위를 통한 이용후생의 실학사상 반영	
양반전	양반의 허례허식과 부패성 폭로	《방경각외전》에 수록
광문자전	거지 두목, 기만적이고 교만한 양반 생활 풍자	
예덕선생전	인분을 나르는 사람, 직업 차별의 타파와 천인(賤人)의 성실성 예찬	

5. 판소리

신재효가 말한 광대(판소리꾼) 의 조건
- 인물
- 사설
- 득음
- 너름새

① 판소리 12마당: 춘향가, 심청가, 흥보가, 수궁가, 적벽가, 변강쇠타령, 배비장타령, 강릉매 화타령, 옹고집타령, 장끼타령, 숙영낭자타령, 무숙이타령
② 판소리계 소설: 춘향전, 심청전, 흥부전, 토끼전/별주부전, 배비장전, 옹고집전, 장끼전, 숙영낭자전

판소리 문학의 특징
① 판소리의 3요소: 창, 아니리(사설), 발림(너름새, 동작) * 추임새
② 판소리의 장단: 진양조−중모리−중중모리−자진모리−휘모리
  ㉠ 진양조: 가장 느린 곡조. 애연조(哀然調). 슬프고 무거운 느낌을 준다.
  ㉡ 중모리: 중간 빠르기의 곡조. 태연함과 안정감을 준다.
  ㉢ 중중모리: 중모리보다 조금 빠르며, 흥취를 돋우고 우아한 맛을 낼 수 있어 화려한 성격이나 심정을 표현할 때 주로 쓴다.
  ㉣ 자진모리: 빠른 곡조. 섬세하면서도 명랑하고, 차분하면서도 상쾌한 느낌을 준다.
  ㉤ 휘모리: 가장 빠른 곡조. 자진모리를 빠르게 휘몰아 나가는 장단으로 흥분과 긴장감을 준다.
③ 판소리 5마당: 전성기에는 12마당까지 불렸고, 고종 때 신재효가 12마당을 6마당으로 정리·개작하였는데, 이 중 〈변강쇠타령〉을 제외하고 〈춘향가〉, 〈흥보가〉, 〈심청가〉, 〈수궁가〉, 〈적벽가〉의 다섯 마당만 전한다.
④ 판소리의 전승 과정

근원설화(민담)	판소리	판소리계 소설	신소설(개작 − 이해조)
열녀 설화, 관탈민녀 설화, 도미 설화, 암행어사 설화, 신원 설화	춘향가	춘향전	옥중화(獄中花)
방이 설화, 박타는 처녀 설화	흥보가	흥부전	연(燕)의 각(脚)
개안 설화, 거타지 설화, 효녀 지은 설화, 연권녀 설화	심청가	심청전	강상련(江上蓮)
구토지설	수궁가	별주부전/토끼전	토(兎)의 간(肝)

6. 내간(조선 후기 여인들에 의해 지어진 한글 수필)

① 궁정수상: 계축일기, 산성일기, 한중록(혜경궁홍씨), 인현왕후전
② 내간: 조침문, 규중칠우쟁론기, 동명일기

7. 고전극

① 탈춤(가면극): 봉산탈춤
② 인형극: 꼭두각시놀음

알맹이 이론

가면극의 특징
• 객석과 무대의 구분이 없다(극중 장소와 공연 장소가 일치).
• 별도의 무대 장치가 없다.
• 관중이나 악사가 극에 적극적으로 개입한다.

---

075 주의해야 할 표준어

○	×	○	×
어이없다/어처구니없다	어의없다	조그마하다	조그만하다/쬐그만하다
앳되다	애띠다	우려먹다	울궈먹다
볼썽사납다	불쌍사납다	앳되다	애띠다
짜깁기	짜집기	거드름	거드럼
오랜만에	오랫만에	통틀어	통털어
오랫동안	오랜동안	하마터면	하마트면
움큼	웅큼	실낱같다	실날같다
꼼수	꽁수	거추장스럽다	거치장스럽다

어휘 풀이

• 어이없다: 일이 너무 뜻밖이어서 기가 막히는 듯하다.
• 앳되다: 어려 보이다.
• 움키다: 힘 있게 잡다.

1. 쩨쩨하다: 사람이 잘고 인색하다.

사람이 어찌 그리 {① 째째하냐(×) ② 체체하냐(×) ③ <u>쩨쩨하냐(○)</u> ④ 쩨제하냐(×)}

2. 애먼

① 억울하게 느껴지는

② 엉뚱하게 느껴지는

{애먼(○), 엄한(×)} 짓 하지 마라.

3. 구시렁구시렁: 못마땅하여 군소리를 자꾸 듣기 싫도록 하는 모양

뭘 그리 혼자 {궁시렁궁시렁(×), 구시렁구시렁(○)}하냐.

* 구시렁대다, 구시렁거리다

076 › 시조의 형성과 발전

형성기	고려 중기
전성기	고려 말기, 조선 전기 ① 평시조 (3장 6구 45자 내외, 4음보) ② 양반사대부: 관념적, 추상적 내용 (유교적 이념＋자연에서의 풍류＝강호가도)
변형기	조선 후기(임진왜란 이후) ① 사설시조: 중장이 두 구 이상 길어진 형태 (장형시조) ② 서민: 현실적, 구체적인 내용 (양반에 대한 비판/풍자, 서민들의 진솔한 삶)
쇠퇴 · 소멸기	18C 이후(약 200여 년)
부흥기	1920년대(시조부흥운동 – 현대 시조 출현)

077 › 열두째, 열둘째

열두째	순서 · 번호를 나타내는 '열두 번째'의 뜻으로 수사/관형사이다. 예 • 헤리의 자리는 앞에서 열두째이다. – 수사 • 그 책의 열두째 줄을 읽어 보아라. – 관형사
열둘째	개수를 나타내는 '열두 개째'의 뜻으로 명사이다. 예 사탕은 오늘 내가 먹은 열둘째이다. – 명사

078 '윗(위)'과 '웃'의 구별

아래, 위의 구별 ○ - 윗	* 뒤에 거센소리, 된소리 앞에서는 – 위 예) 윗입술, 윗니, 위층, 위쪽…
아래, 위의 구별 × - 웃	예) 웃어른, 웃국, 웃거름, 웃기, 웃돈…

* 윗옷(상의, 합성어)
* 웃옷(겉옷, 파생어)
* 윗분(윗사람의 높임말)
* 웃통, 웃풍

079 독서의 종류

속독	빨리 읽기, 글의 의미를 충분히 이해할 수 없으므로 진정한 의미의 독서라 할 수 없음 → 취미, 재미를 위한 독서 ⇔ 지독(遲讀)
정독	글의 부분 부분까지 세밀하게 살피어 읽는 방법 → 전문 서적, 공부. 연구를 위한 독서
통독	내용의 줄거리나 윤곽만 파악하는 방법 → 교양, 여가 선용의 독서에 적합
다독	많은 책을 읽는 방법. 다양하고, 많은 정보를 얻을 수 있는 장점이 있다. ⇔ 과독(寡讀)
음독	소리 내어 읽는 방법 ⇔ 묵독
선독(발췌독)	필요한 부분만 뽑아내어 읽는 방법 → 참고 서적, 정보 수집
윤독(輪讀)	돌려가면서 읽기, 여러 사람이 같은 글이나 책을 돌려가며 읽기

080 인물의 성격 제시 방법

1. 직접적 제시(분석적, 해설적, 설명적, 논평적 제시) → 말하기(telling)

① 서술자가 인물의 특성을 직접 설명하는 방법이다.
② 서술이 간단하고 서술 시간이 절약되는 효과가 있지만, 구체성을 잃기 쉽다.
③ 사건 전개 속도가 빠르다.
④ 독자의 상상적 참여 제한 – 수동적 독자
⑤ 추상적으로 흐르기 쉬움 – 단조로운 경향

> 나이 좀 처지는 축으로는 장구 멘, 하얀 베수건 어깨에 걸고 싱긋이 웃으며 큰 키를 점잖게 가누어 맴을 도는 이용(李龍)이다. 그는 누구니 해도 마을에선 제일 풍신 좋고 인물 잘난 사나이. 마음의 응어리를 웃음으로 풀며 장단을 치고…….

→ 서술자는 '마을에선 제일 풍신 좋고 인물 잘난 사나이', '마음의 응어리' 등의 말로 '이용'이라는 인물에 대해 직접 설명하고 있다.

2. 간접적 제시(극적, 장면적 제시) → 보여주기(showing)

① 인물의 성격이 그들의 언어와 행동을 통해 스스로 독자에게 드러나도록 하는 방법이다.
② 간접적 제시는 인물을 생생하게 묘사하여 독자의 상상적 참여가 가능하고 극적인 효과를 지니지만, 표현상의 제약이 있다.
③ 극적 효과를 가져 온다.
④ 사건 전개 속도가 느리다.
⑤ 작가의 의도가 잘못 전달될 우려가 있다.

> 어둑어둑한 방에서 정말 글을 읽고 있었는지. 최치수 콧날에 금실 같은 한 줄기 불빛이 미끄러진다. 수그러진 그의 콧날이 날카롭다. 이 세상 온갖 신경질과 우수가 감도는 옆 모습. 당장에라도 벌떡 일어서서 눈을 부릅뜨고 고함을 칠 것 같은 위태위태한 분위기가 방안 가득히 맴돈다.
> "자리나 깔아." / "예"

→ 서술자는 대화와 '최치수'의 외양 묘사를 통해 그의 성격을 제시하고 있다. 날카로운 콧날과 온갖 신경질과 우수가 감도는 옆모습의 묘사, 짤막하게 던지는 대화를 통해 독선적이고 신경질적인 인물의 성격을 짐작할 수 있다.

081 안갚음, 앙갚음

안갚음	자식이 커서 부모를 봉양 – 반포지효(反哺之孝)
앙갚음	보복

예 • 새들도 안갚음을 하는데, 이제는 너도 안갚음을 할 나이가 되었다.
　 • 그동안 내가 받아 온 멸시와 모욕에 대한 앙갚음으로 단단히 혼쭐을 내줘야지.

082 같다, 다르다

같다(형용사)	① 같다, 같고, 같아, 같은, 같으면… – 형용사 　예 너 같은 놈을 믿다니. (무조건 띄어쓰기해야 함) ② 같이 　㉠ 조사: ~처럼(특징), 시기 　　예 눈같이 하얗다./새벽같이 떠났다. 　㉡ 부사: ~함께(단독형) 　　예 모두 같이 갑시다.
다르다(형용사)	① 다르다, 다르고, 다른, 달라, 다르게, 다르니… – 형용사 ② 다른: 서술성과 활용의 여부로 판단 　㉠ 형용사: 같지 않음(異) 　　예 모양이 다른 물건이다. 　㉡ 관형사: 여타의, 이외의(他) 　　예 다른 사람이 오지 않았다. 　　예 다른 사람들은 우리와 다른 생각을 해. ③ 달리(부사) 　예 이발을 하니 사람이 달리 보인다.

'아이' 관련 표준어

- 죔죔: '죄암죄암'의 준말. 젖먹이가 두 손을 쥐었다 폈다 하는 동작
- 냠냠: 어린 아이들이 음식 먹는 소리

- 짝짝궁(×)/짝짜궁(×)/짝짜꿍(○) (* 덩더쿵(×)/덩더꿍(○))
- 쿵더쿵(○)/쿵덕쿵(×)/쿵더꿍(×)
- 과자(○)/까까(○)
- 소꼽장난(×)/소꿉장난(○)
- 알나리깔나리(○)/얼레리꼴레리(×)
- 꼬까/때때/고까(○)옷 (알록달록하게 곱게 만든 아이의 옷)
- 딸내미(○)/딸래미(×)
- 숨박꼭질(×)/숨바꼭질(○)
- 장난감(○)/놀잇감(○) 2014 new
- 쨈쨈(×)/죔죔(○)/ 잼잼(×)
- 냠냠(○)/ 얌얌(×)

연음 법칙(표준발음법 제13항~제15항)

- 밭 아래[바다래]
- 늪 앞[느밥]
- 젖어미[저더미]
- 맛없다[마덥따]
- 겉옷[거돋]
- 헛웃음[허두슴]
- 꽃 위[꼬뒤]
- 첫인사말[처딘사말]
- 넋 없다[너겁따]
- 닭 앞에[다가페]
- 값어치[가버치]
- 값있다[가빋따]
- 값있는[가빈는]
- 첫인새[처딘새]
- 첫인상[처딘상]
- 첫아이[처다이]
- 첫음절[처듬절]
- 첫울음[처두름]

홑/쌍받침＋모음 시작 형식형태소	바로 연음됨 예 옷이[오시], 깎아[까까], 무릎에[무르페]
겹받침＋모음 시작 형식형태소	바로 연음됨(단, 'ㅅ'은 [ㅆ]으로) 예 앉아[안자], 넋이[넉씨]
받침＋모음 시작 실질형태소	음절의 끝소리 규칙 후에 연음됨 예 옷 안[오단], 꽃 아래[꼬다래]

085 이어요, 이에요

구분	이어요/이에요 (본말)	여요/예요 (준말)	틀린 표기
받침 없는 명사	나무이어요(○)/ 나무이에요(○)	나무여요(○)/ 나무예요(○)	나무이여요(×)/ 나무이예요(×)
받침 있는 명사	장남이어요(○)/ 장남이에요(○)	장남여요(×)/ 장남예요(×)	장남이여요(×)/ 장남이예요(×)
용언(아니다)	어요/에요 아니어요(○)/아니에요(○)	아녀요(○)/아녜요(○)	아니여요(×)/ 아니예요(×)

1. 받침 있는 사람 이름 뒤에는 음을 고르게 하기 위해서 접미사 '이'가 붙는다.

예 동식이, 영숙이, 예원이
'예원이이어요/예원이이에요'는 문법적으로는 가능하지만 실제 언어생활에서는 준말 형태인
'예원이여요/예원이예요'를 사용한다.

2. 명사＋이어요(＝여요)/이에요(＝예요)

예 • 나무이어요(＝나무여요)(○)/나무이에요(＝나무예요)(○)
 • 나무이여요(×)/나무이예요(×)

3. 단, 받침 있는 명사는 '여요/예요'는 제외

예 • 장남이어요(○)/장남이에요(○)
 • 장남여요(×)/장남예요(×)

4. 용언(아니다)＋어요/에요

예 • 아니어요(＝아녀요)(○)/아니에요(＝아녜요)(○)
 • 아니여요(×)/아니예요(×)

086 ▷ 널찍한, 널따란, 넓적한

널찍한 마당/널따란 접시/넓적한 얼굴

1. 넓다[널따]

2. 넓적하다/넓죽하다/넓둥글다 - [넙-]

3. 넙치, 넙죽(닝큼 엎드린 모양)

087 ▷ 언어의 추상성(抽象性)

언어는 동일한 부류의 사물들에서 공통적 속성을 뽑아내는 추상화의 과정을 통해 개념이 형성된다. 다만 세종, 이율곡 등과 같은 고유 명사들은 지시 대상이 하나이기 때문에 추상화의 과정을 거치지 않는다.

사물들	공통점	개념
무궁화, 장미, 개나리, 목련, 진달래…	뿌리와 줄기가 있다, 향기롭다, 흙에서 자란다, 씨가 있다, 아름답다…	꽃

088 ▷ 쓰레질, 써레질, 쏘개질, 쌩이질

쓰레질	비로 쓸어서 청소, 조개 따내는 일 예 · 방을 쓰레질하다. · 여자들은 모두 갯바위에 나가 쓰레질하고 있었다.
써레질	써레로 흙을 고르는 일
쏘개질	고자질, 있는 일 없는 일을 얽어서 일러바치는 것
쌩이질	뜻밖에 생기는 방해

깍쟁이, 깍정이

깍쟁이	약삭빠르게 이기적인 사람
깍정이	밤, 도토리 열매를 싸고 있는 껍데기

어휘 풀이
• 속껍질: 보늬
• 겉껍데기: 깍정이

090 깜냥, 손방

깜냥	ability, 일을 해낼만한 능력 예 그는 자기의 깜냥을 잘 알고 있었다.
손방	도무지 할 줄 모르는 솜씨 예 그는 매사에 아주 손방이다.

091 수컷을 이르는 말 (표준어규정 제7항)

1. 수컷을 이르는 말

'수'로 통일

* 숫놈(×) 수놈(○), 숫소(×) 수소(○), 숫제비(×) 수제비(○)

2. 단, 다음의 접두사 '수-/암-'이 붙은 단어 9개는 거센소리로 표기

수캐, 수캉아지, 수탉, 수평아리, 수퇘지, 수탕나귀, 수컷, 수키와, 수톨쩌귀

예외 '양, 염소, 쥐'는 '숫-'으로 표기: 숫양, 숫염소, 숫쥐

어휘 풀이
• 숫-: 더럽혀지지 않아 깨끗한
  예 숫총각, 숫눈, 숫밥

092 무녀리

무녀리	① 처음 나온 새끼(門＋열＋이)－짐승 ② 말이나 행동이 좀 모자란 듯이 보이는 사람

093 몽니, 몽짜, 몽리

• 몽리자: 이익을 얻는 사람

몽니	심술↑, 정당한 대우에 대한 권리 주장
몽짜	욕심↑, 음흉하고 심술궂게
몽리(蒙利)	이익을 봄

094 용심, 알심

용심	미워하고 시기하는 마음 예 친구가 먼저 결혼하니 용심을 부린다.
알심	은근히 동정하는 마음 예 노인들을 보니 아버지 생각에 알심이 든다.

095 (소설) 갈등의 양상

1. 외적 갈등

인물과 인물, 인물과 환경 사이에서 생기는 갈등과 대립을 가리킨다.

① **개인과 개인의 갈등**: 주동 인물과 반동 인물 사이의 갈등이다.
　예 〈봄봄〉, 김유정: 어수룩하고 순진하며 머슴같이 일을 하며 성례 날짜만 기다리는 '나'와 일만 부려 먹으면서 성례 날짜를 미루기만 하는 '장인' 사이의 갈등

② **개인과 사회의 갈등**: 개인이 살아가면서 겪는 사회 윤리나 제도와의 갈등이다.
　예 〈레디메이드 인생〉, 채만식: 일제강점기 식민지 현실의 실업문제로 인해 겪는 사회 현실과 일본에서 대학까지 나온 주인공 P가 겪는 갈등

③ **개인과 운명의 갈등**: 개인의 삶이 운명에 의해 결정되거나 파괴되는 데서 겪는 갈등이다.
　예 〈역마〉, 김동리: 주인공이 타고난 운명인 역마살(떠돌이운수)을 극복하려 하지만 결국은 자신의 운명을 수용하고 화개장터를 떠나 엿장수가 되는 갈등

④ **개인과 자연의 갈등**: 개인과 자연적 재해로 인한 갈등이다.
　예 〈모래톱이야기〉, 김정한: 홍수로 인해 섬 주민들의 생존권이 위협받는 갈등

⑤ **사회와 사회의 갈등**: 집단과 집단 간의 이해관계로 인한 갈등
　예 〈사하촌〉, 김정한: '보광리'의 가진 자들과 '성동리'의 못 가진 자들의 갈등

2. 내적 갈등

① 한 개인의 내면에서 갈등이 일어나는 경우로, 서로 다른 욕구의 충돌로 인한 주로 개인 내부의 심리적 모순과 대립에 의한 갈등이다.

② 양심 ↔ 비양심, 사랑 ↔ 증오, 선의 ↔ 악의' 등의 갈등이 있다.
　예 〈광장〉, 최인훈: 주인공 '이명준'의 내적 갈등

096 ㄴ음 첨가 (표준발음법 제29항)

1. 합성어 및 파생어에서, 앞 단어나 접두사의 끝이 자음이고 뒤 단어나 접미사의 첫음절이 '이, 야, 여, 요, 유'인 경우에는, 'ㄴ' 음을 첨가하여 [니, 냐, 녀, 뇨, 뉴]로 발음한다.

솜–이불[솜:니불]	홑–이불[혼니불]	막–일[망닐]	삯–일[상닐]
맨–입[맨닙]	꽃–잎[꼰닙]	내복–약[내:봉냑]	한–여름[한녀름]
남존–여비[남존녀비]	신–여성[신녀성]	색–연필[생년필]	직행–열차[지캥녈차]
늑막–염[능망념]	콩–엿[콩녇]	담–요[담:뇨]	영업–용[영엄뇽]
식용–유[시공뉴]			

2. 다음과 같은 말들은 'ㄴ' 음을 첨가하여 발음하되, 표기대로 발음할 수 있다. ('ㄴ' 음 첨가와 연음의 두 가지로 발음됨)

이죽–이죽[이중니죽/이주기죽]	야금–야금[야금냐금/야그먀금]	욜랑–욜랑[욜랑뇰랑/욜랑욜랑]
검열[검:녈/거:멸]	금융[금늉/그뮹]	

3. 'ㄹ' 받침 뒤에 첨가되는 'ㄴ' 음은 [ㄹ]로 발음한다.

불–여우[불려우]	서울–역[서울력]	물–엿[물렫]
휘발–유[휘발류]	유들–유들[유들류들]	

4. 다음과 같은 단어에서는 'ㄴ(ㄹ)' 음을 첨가하여 발음하지 않는다. (예외임)

6·25[유기오]	3·1절[사밀쩔]	송별–연[송:벼련]
등–용문[등용문]	월요일[워료일]	

097 주요 고유어 부사어

짜장	과연, 정말로	바투	썩 가깝게
시나브로	모르는 사이에 조금씩 조금씩	자못	생각보다 매우
국으로	자기 주제에 맞게	되우/된통/되게	아주 몹시
다따가	난데없이 갑자기	노량으로	놀면서 느릿느릿
애오라지	겨우/오로지	안다미로	담은 것이 그릇에 넘치도록 많이
진동한동	바쁘거나 급해서 몹시 서두르는 모양	도무지	아무리 해도

098 어떻게, 어떡해

어떻게	어떠하게 예 이제 그 사람을 (어떻게) 보냐?
어떡해	어떻게 해 *어떻해(×) 예 나 이제 (어떡해)?

예 너도 어떻게 하는지 모르면 나는 어떡해.

099 조사의 축약 (한글 맞춤법 제33항)

1. 체언에 조사가 붙을 때, 그 조사만 줄어지는 경우

나+는 → 난	너+는 → 넌	나+를 → 날	너+를 → 널

2. 체언의 형태가 줄어지면서 음절이 축약되는 경우

이것+이 → 이거+이 → 이게	그것+이 → 그거+이 → 그게

3. 체언의 형태가 줄어지면서 조사가 변이 형태('-ㄹ로')로 나타나는 경우

이것+으로 → 이걸로	무엇+으로 → 무얼로

4. 축약만 일어나는 경우

무엇+은 → 뭣은	무엇+이 → 뭣이	무엇+을 → 뭣을	무엇으로 → 뭣으로

5.

(이 애 → 얘)이 애는 → 얘는 → 얜	이 애를 → 얘를 → 얠
그리로 → 글로	이리로 → 일로
저리로 → 절로	조리로 → 졸로

100 ▶ 용언의 활용 (규칙 활용과 불규칙 활용)

1. 규칙 활용

일반적인 국어 문법으로 설명할 수 있는 변화로, 즉 활용 할 때 어간과 어미의 형태 변화가 없거나, 형태 변화가 있어도 보편적인 음운 규칙으로 설명되는 활용을 말한다.

예 먹다: 먹고, 먹지, 먹어, 먹으니, 먹었다 (형태가 바뀌지 않음)

① 'ㄹ' 탈락: 어간이 'ㄹ'로 끝나는 모든 용언은 '-오, ㄴ, ㅅ, ㅂ, ㄹ'의 어미와 만나면 반드시 탈락한다.

살(다)+오 → 사오	살(다)+니 → 사니	살(다)+시오 → 사시오
살(다)+ㅂ니다 → 삽니다	살(다)+ㄹ → 살	

② 'ㅡ' 탈락: 어간에 'ㅡ'로 끝나는 용언은 모음 어미 '아/어'와 만나면 어간의 'ㅡ'가 반드시 탈락한다.

기쁘(다)+어 → 기뻐	끄(다)+어 → 꺼
치르(다)+어 → 치러	담그(다)+아 → 담가

예 기쁘다, 끄다, 치르다, 담그다, 모으다, 잠그다, 슬프다, 우러르다, 다다르다, 잇따르다, 예쁘다, 뜨다, 쓰다, 따르다, 아프다, 고프다, 들르다, 나쁘다, 푸르르다 등

2. 불규칙 활용

용언이 활용할 때에 어간이나 어미의 기본 형태가 일정하게 유지되지 못하고, 그 형태의 변화를 예측하지 못하는 경우를 이른다. 다시 말해, 특정한 환경이나 조건에 따라 특정한 용언에 국한되어 불규칙적으로 어간이나 어미의 형태 변화가 일어나는 것이다. 이러한 용언을 '불규칙 용언'이라 한다. 불규칙 활용의 유형은 크게 어간이 바뀌는 경우와 어미가 바뀌는 경우, 그리고 어간과 어미가 함께 바뀌는 경우로 나눠진다.

① 어간(語幹)이 바뀌는 경우

㉠ 'ㄷ' 불규칙 활용

음운 환경	변화의 형태
모음으로 시작되는 어미 앞	어간의 끝소리 'ㄷ' → 'ㄹ'

예 · 걷다: 걸어, 걸었다, 걸으니, 걸으오, 걸은
　· 걷다(步), 듣다, 깨닫다, 싣다, 붇다, 긷다, 눋다, 내닫다, 일컫다, 묻다(問)…

㉡ 'ㅂ' 불규칙 활용

음운 환경	변화의 형태
· '-아'나 '-아'로 시작되는 어미 앞 · '-어'나 '-어'로 시작되는 어미 및 매개 모음을 요구하는 어미 앞	어간의 끝소리 'ㅂ' → '오/우'

예 · 곱다: 고와(곱+아), 고왔다(곱+았+다), 고우니(곱+으니)
　· 아름답다: 아름다워(아름답+어), 아름다웠다(아름답+었+다), 아름다운(아름답+은)
　· 돕다, 눕다, 굽다(燔), 새롭다, 줍다, 놀랍다, 고맙다, 쉽다, 춥다, 가깝다, 자랑스럽다, 즐겁다, 귀엽다, 가렵다, 두껍다, 차갑다, 뜨겁다…

㉢ 'ㅅ' 불규칙 활용

음운 환경	변화의 형태
모음으로 시작되는 어미 앞	어간의 끝소리 'ㅅ' 탈락

예 · 긋다: 그어, 그었다, 그으니, 그으오, 그은
　· 짓다, 젓다, 붓다, 잇다, 낫다, 퍼붓다…

㉣ '르' 불규칙 활용

음운 환경	변화의 형태
어미 '-아', '-어' 앞	어간의 끝음절 '-르' → 'ㄹㄹ' ('ㅡ' 탈락+'ㄹ' 첨가)

예 · 거르다: 걸러, 걸렀다
　· 흐르다, 부르다, 타오르다, 고르다, 기르다, 빠르다, 조르다, 구르다, 타이르다, 자르다, 모르다, 바르다, 이르다(부), 이르다(凛), 누르다(壓), 짓무르다, 추스르다, 두르다, 오르다, 가파르다…

㉤ '우' 불규칙 활용

음운 환경	변화의 형태
어미 '-어' 앞	어간의 끝소리 '우' 탈락

'우' 불규칙 활용의 예는 '푸다' 뿐이다. (푸+어 → 퍼, 푸+었+다 → 펐다)

② 어미(語尾)가 바뀌는 것

㉠ '여' 불규칙 활용

음운 환경	변화의 형태
'하다' 및 접미사 '-하다'가 붙는 모든 용언의 어간 '하-'에 어미 '-아 '와 결합할 때	어미 '-아' → '여'

'여' 불규칙 활용의 예는 '하다'나 '-하다'로 끝나는 용언이다.
예 • 하다: 하+아 → 하여
　• 공부하다: 공부하+아 → 공부하여
　• 정직하다: 정직하+아 → 정직하여
※ '하'와 '여'가 합해져서 '해'가 될 수 있는데, 구어(口語)에서는 '해'를 많이 쓴다.

㉡ '러' 불규칙 활용

음운 환경	변화의 형태
모음 어미 앞	어미 '-어' → '-러'

'러' 불규칙 활용의 예는 '이르다(到), 누르다, 노르다 (黃), 푸르다(靑)이다. (4개 단어뿐임)
예 • 이르+어 → 이르러
　• 누르+어 → 누르러
　• 푸르+어 → 푸르러

㉢ '오' 불규칙 활용

음운 환경	변화의 형태
'달다'의 직접 명령문	'-아/-아라' → '-오'

'오' 불규칙 활용의 예는 '달다'뿐이다
　• 달+아/-아라 → 다오
　예 그것 좀 이리 다오.

③ 어간(語幹)과 어미(語尾) 모두가 바뀌는 것: 'ㅎ' 불규칙 활용

음운 환경	변화의 형태
'-아 / -어'로 시작되는 어미와 결합	어간의 'ㅎ' 탈락+어미 '-아 / -어' → 'ㅣ'
'-오, -ㄴ, -ㄹ, -ㅁ, -시'로 시작하는 어미 앞	일부 '-ㅎ다' 꼴의 형용사에서 어간의 끝 'ㅎ' 탈락

예 기다랗다, 까맣다, 꺼멓다, 널따랗다, 노랗다, 누렇다, 동그랗다, 둥그렇다, 말갛다, 발갛다, 벌겋다, 부옇다, 빨갛다, 뻘겋다, 뽀얗다, 새까맣다, 새빨갛다, 새카맣다, 새파랗다, 새하얗다, 샛노랗다, 샛말갛다, 시꺼멓다, 시뻘겋다, 시커멓다, 시퍼렇다, 시허옇다, 싯누렇다, 싯멀겋다 등

㉠ 어간이 '-아, -어'로 시작하는 어미와 붙으면 어간의 끝소리 'ㅎ'이 탈락하고 가운뎃소리 'ㅏ(ㅑ), ㅓ(ㅕ)'가 어미의 첫소리 'ㅏ, ㅓ'와 합해져 'ㅐ(ㅒ), ㅔ(ㅖ)'가 된다. 이는 어미 첫소리 'ㅏ, ㅓ'가 'ㅣ'로 바뀐 결과다.
　예 파랗다: 파래, 파래서, 파랬다

ⓛ '-오, -ㄴ, -ㄹ, -ㅁ, -시' 앞에서는 어간의 'ㅎ'만 탈락한다.

예	파랗+오 → 파라오	파랗+ㄴ → 파란
	파랗+ㄹ → 파랄	파랗+면 → 파라면
	파랗+시다 → 파라시다	

101 주의해야 할 규칙 활용과 불규칙 활용

1. 이르다

'르' 불규칙 – 이르다(早), (言)	예 • 약속시간이 일러서 차 한 잔 마시기로 했다. • 친구에게 열차 시간을 일러 주었다.
'러' 불규칙 – 이르다(到)	예 강에 이르렀다.

2. 누르다

'르' 불규칙 – 누르다(壓)	예 초인종을 힘껏 눌러 보았다.
'러' 불규칙 – 누르다(黃)	예 나뭇잎이 누르러 보이다.

3. 굽다

'ㅂ' 불규칙 – 굽다(燔)	예 화롯불에 구운 감자
규칙 활용 – 굽다(曲)	예 • 할머니는 허리가 많이 굽으셨다. • 은수저는 쉽게 굽어진다.

4. 묻다

'ㄷ' 불규칙 – 묻다(問)	예 동생에게 엄마가 어디 가셨는지 물어 보았다.
규칙 활용 – 묻다(埋)	예 키우던 강아지가 죽어서 땅에 묻어 주었다.

5. 걷다

'ㄷ' 불규칙 – 걷다(步)	예 추운 겨울인데 걸어서 학교에 갔다.
규칙 활용 – 걷다(收)	예 세금을 가혹하게 걷어 백성들의 불만이 자자하다.

102 갑절, 곱절

갑절(double)	×2(두 배), 수 관형사 수식받지 않음
곱절(multiple)	그 수만큼 거듭됨, 수 관형사 수식받음

예 4의 갑절은 2의 네 곱절이다.
예 주가 상승으로 주식이 {세 갑절(×), 세 곱절(○)}이 되었다.

103 밭떼기, 밭뙈기

밭떼기	밭에서 나는 것을 몽땅 사는 일
밭뙈기	조그마한 밭

예 밭뙈기에서 배추를 밭떼기하다.
예 손바닥만 한 밭떼기(→ 밭뙈기)에 농사를 지어 살아가는 형편이다.

104 문학의 갈래

1. 서정 갈래

객관적인 세계와 작자의 체험을 정서화하여 표현하는 문학으로, 가장 주관성이 강한 갈래이다. 이러한 점에서 서정 문학의 창작은 '세계의 자아화'라고 정의할 수 있다. 서정 양식의 대표적인 갈래는 시이며, 우리 문학의 경우 서정 민요, 고대 가요, 향가, 고려 가요, 시조, 잡가, 신체시, 현대시 등이 이에 포함된다.

* 설화: 신화, 전설, 민담

2. 서사 갈래

인물의 갈등이 일련의 시간적 경과 속에서 일정한 줄거리를 갖춘 사건으로 나타나고, 이러한 사건이 서술자에 의해 객관적으로 전달되는 양식이다. 이러한 점에서 서사 문학의 창작은 '자아와 세계의 갈등'이라고 할 수 있다. 대표적 갈래는 소설이며, 서사시, 서사 민요, 서사 무가, 판소리, 신화, 전설, 민담, 고소설, 신소설, 현대 소설 등이 있다.

3. 극 갈래

서사 문학과 마찬가지로 '자아와 세계의 갈등'을 다룬다. 그러나 인간의 행위와 사건 전개를 서술자의 개입 없이 직접 눈앞에 펼쳐지도록 표현하는 양식이라는 점에서 서사 갈래와 구분된다. 대표적 갈래로는 연극이 있고, 우리 문학에는 가면극, 창극, 신파극, 현대극이나 인형극 등이 있다.

알맹이 필기

* 가면극: 봉산탈춤
* 인형극: 꼭두각시놀음

4. 교술 갈래

교술(敎述)은 어떤 의미를 풀어서 기술한다는 뜻으로, 작자가 자신이 실제 겪었던 체험 사실을 기록하는 양식이다. 객관적 세계가 주관적인 개인의 정서로 변형되지 않고 전달된다. 이러한 점에서 교술 문학은 '자아의 세계화'라고 정의할 수 있다. 대표적 갈래로 교술 민요, 가전체, 경기체가, 가사, 악장, 창가, 일기, 기행, 전기, 수필 등이 있다.

* 경기체가, 가사, 악장은 고전 운문의 교술 갈래이다.

06 정답 및 해설

알맹이 노트 p. 72

06
다음 중 문학의 갈래 구분이 옳은 것은?   2018 소방직

① 서정 – 향가, 몽유록, 고대 가요
② 서사 – 전설, 사설시조, 판소리 사설
③ 극 – 탈춤, 인형극, 경기체가
④ 교술 – 수필, 편지, 기행문

---

105 ▶ 만큼

의존명사	∨만큼 예 먹을∨만큼
조사(비교)	⌒만큼 예 너만큼, 대궐만큼
어미	~니만큼/~리만큼 예 가까우니만큼, 미워하리만큼

• ∨이만큼: 여기서 '이'는 의존 명사임
  예 반대할 이는 찬성할 이만큼 많지 않을 것이다.

• 요사이 → 요새
• 시세(＝시가): 일정한 시기의 물건값

| 금시에 → 금세 | 지금 바로
예 소문이 금세 퍼졌다. |
| 물건의 값 → 금새 | 예 올해는 오징어 금새가 싸다. |

107 직유법과 은유법

1. 직유법

'~처럼, 마치, 흡사, ~같이, ~인 양, ~인 듯'과 같은 직접적인 연결어를 사용하여 원관념을 보조 관념에 빗대어 표현하는 방법이다.

예 • 길은 한 줄기 구겨진 넥타이처럼 풀어져
  → 원관념: 길/보조 관념: 넥타이
• 구름에 달 가듯이 가는 나그네
• 내 누님같이 생긴 꽃이여!

2. 은유법

원관념과 보조 관념을 직접적으로 연결시키지 않고 간접적으로 연결시키는 방법이다. 전혀 다른 두 가지의 내용을 같은 성질로써 연결시키는 방법으로서, 'A(원관념)는 B(보조 관념)다. (B인 A, 고도의 은유는 A가 생략)'의 형태로 나타난다. A와 B의 유사성에 기초한다.

예 • 누나의 얼굴은 보름달이다. (보름달인 누나의 얼굴)
  → 원관념: 누나의 얼굴/보조 관념: 보름달 → 누나의 얼굴과 보름달이 둥글다는 유사성
    에 기초하여 넓은 누나의 얼굴을 보름달에 빗대어서 표현하였다.
• 내 마음은 호수요 / 그대 노 저어 오오.
• 나는 나룻배, 당신은 행인 / 당신은 흙발로 나를 짓밟습니다.

108 상징법

1. 원형적 상징

한 사물이 지니는 근원적 이미지. 원초적인 잠재의식에 바탕을 둔다. 원형적 상징은 문화적, 지역적 제약의 한계를 넘어서서 전 인류적 보편성을 지닌다.

* 원형적 상징
=신화적 상징

물	재생, 영원, 만남	봄	소생, 희망, 생명
불	죽음, 파괴, 소멸	검은 색	죽음, 공포, 어둠
밤	어둠, 침묵, 절망	흰색	평화, 순수

2. 관습적 상징

특정 지역이나 종교, 혹은 문화권에서 어떤 사물을 나타내는 기호나 표시물로서 사회적으로 널리 공인된 것이다.

* 관습적 상징
=제도적 상징

비둘기	평화 상징	소나무	절개 상징
백합	순결 상징	네잎클로버	행운 상징
흰 옷(동양)	죽음 상징		

3. 창조적 상징

관습적, 원형적 상징과 무관하게 작가가 작품 속에서 새롭게 창조해 낸 상징이다.

* 창조적 상징
=개인적 상징
=문학적 상징

서정주의 〈국화 옆에서〉에서 '국화'	시련을 겪은 뒤의 원숙미
김종길의 〈성탄제〉에서 '산수유 열매'	아버지의 사랑
김수영의 〈풀〉에서 '풀'	역사의 흐름 속에서 질긴 생명력을 지속해 온 민중들의 삶의 모습
이육사의 〈청포도〉에서 '청포도'	시인이 바라는 이상적 세계
김춘수의 〈꽃〉에서 '꽃'	의미 있는 존재

109 운율의 종류

1. 외형률(外形律)

시의 표면에 드러나는 운율. 정형률

① 음위율(音位律): 일정한 위치에 일정한 음이 반복됨으로써 생기는 운율을 말한다. (압운)
　ㄱ 두운: 시행들의 첫머리에 같은 음이 규칙적으로 반복되는 리듬
　ㄴ 요운: 시행들의 가운데에 일정한 음이 규칙적으로 반복되는 리듬
　ㄷ 각운: 시행의 끝말에 일정한 음이 규칙적으로 반복되는 리듬
② 음성률(音聲律): 음의 고저, 강약, 장단 등의 단위를 이루어 규칙적으로 반복되어 발생되는 운율을 말한다. 영시, 한시 등에는 두드러지나, 우리 시에는 없는 것으로 본다.
③ 음수율(音數律): 일정한 음절의 수가 단위가 되어 규칙적으로 반복됨으로써 이루어지는 운율을 말한다. 우리나라 시에서는 3·3·2조, 4·4조, 7·5조 등의 음수율이 발견된다.
④ 음보율(音步律): 일정한 음보(音步, foot)가 규칙적으로 반복됨으로써 이루어지는 운율. 음보란, 의미에서나 형태에서나 하나의 쉼과 다음 쉼 사이의 한 주기(週期)로 의식되는 마디(읽는 시간의 단위)를 가리킨다. 우리나라 시에서는 3음보, 4음보 등의 음보율이 많이 발견된다.

2. 내재율(內在律)

시의 표면에 일정한 규칙성이 발견되지 않고 시의 내면에 존재하는 주관적, 정서적 운율을 가리킨다. 즉, 시인이 형상화하고자 하는 주제 의식에 의해 이루어지는 주관적 운율로서 개개의 시 속에 흐르는 시인 특유의 맥동(脈動)과 호흡이라 할 수 있다.

110 뇌졸중

후유증, 합병증, 결벽증, 대증 요법

* 대증 요법: 병의 원인을 찾아 없애기 곤란한 상황에서, 겉으로 나타난 병의 증상에 대응하여 처치를 하는 치료법

뇌졸중(○)/뇌졸증(×)	腦卒中＝뇌중풍 예 이번에는 이 장로 자신이 뇌졸중으로 쓰러져버린 것이었다.
축농중(×)/축농증(○)	蓄膿症＝코곁굴염

1443년(세종25년)에 창제한 글자를 1446년에 반포하기 위하여 기본설명서에 해당하는 한문본 〈훈민정음〉이 나온다. 새로운 문자를 설명하기 위하여 만든 책으로 '해례본'이라 한다. 세종 사후에 '해례본'의 '서문'과 '예의' 부분을 언해하여 세조 5년(1459년)에 발간된 〈월인석보〉의 앞머리에 실려 있는 한글 번역본이 나온다. 이를 '언해본'이라 한다.

알맹이 TIP

1997년 유네스코에서 〈훈민정음 해례본〉이 세계기록 문화유산으로 지정되었다.

112   주의해야 할 표기

○	×	○	×
날파람둥이	날바람둥이	억지를 부리다	어거지를 부리다
새초롬하다, 새치름하다	새치롬하다	꼽추, 곱사등이	곱추, 꼽사등이
단박(에)	담박(에)	깝죽거리다	깝치다
너럭바위	넓적바위	단출하다	단촐하다
(발목을)접질리다	접지르다	까무러치다, 가무러치다	까무라치다

어휘 풀이

- 날파람둥이: 주책없이 싸다니는 사람
- 단박(에): 그 자리에서 바로
- 깝죽거리다 : 자꾸 방정맞게 움직이다.

113   비의 종류

작달비, 장대비, 장수비	굵고 거세게 내리는 비
보슬비	바람이 없는 날 조용히 내리는 비
여우비	햇볕이 나 있는데 잠깐 내리다 그치는 비
웃비	세차게 내리다가 잠깐 그치는 비
는개	안개비보다는 굵고 이슬비보다는 가는 비
먼지잼	겨우 먼지나 재울 정도로 적게 내리는 비

* 안개비 < 는개 < 이슬비

114 낫다, 나았다

병이 <u>났다</u>.(○)	나았다(×), 동음 탈락 *기본형: 나다–지금 생겼다.
병이 <u>나았다</u>.(○)	낫았다(×), ㅅ 불규칙 활용 *기본형: 낫다–(병)고쳤다

예 약을 먹고 나서 감기가 <u>났다</u>. (×)
　→ 나았다(○)

115 향년, 당년, 행년

향년(享年)	죽을 때의 나이
당년(當年)	올해
행년(行年)	현재의 나이

알맹이 예제

우리 할아버지는 {향년(×), 당년(○), 행년(○)} 80세이신데도 정정하시다.

116 죽음을 나타내는 어휘

• 유명(幽明): 저승과 이승을 아울러 이르는 말

선종(善終)	가톨릭		소천(昭天)	개신교
입적(入寂)	불교		승하(昇遐)	왕
별세(別世)	웃어른(주변사람)		타계(他界)	유명인, 귀인
영면(永眠)	영원히 잠들다.		작고(作故)	고인이 되었다(죽음의 높임말).
서거(逝去)	훌륭한 사람(지도자)		산화(散華)	희생적 죽음
물고(物故)	죄인의 죽음		유명을 달리하다	'죽다'를 완곡하게 이르는 말

117 웃음을 나타내는 어휘

가소(假笑)	억지로 또는 거짓으로 웃음	고소(苦笑)	쓴웃음
냉소(冷笑)	쌀쌀맞은 태도로 업신여겨 비웃음	담소(談笑)	이야기하며 웃음
목소(目笑)	눈웃음	미소(微笑)	소리 없이 빙긋이 웃음
박장대소(拍掌大笑)	손뼉을 치며 크게 웃음	비소(鼻笑)	코웃음, 가볍게 웃는 비난조의 웃음
조소(嘲笑)	빈정거리며 웃음, 야유	폭소(爆笑)	갑자기 터져 나오는 웃음
홍소(哄笑)	입을 크게 벌리고 떠들썩하게 웃음	희소(喜笑)	기쁘게 웃음

어휘 풀이

• 비소(誹笑): 비웃음, 誹 헐뜯을 비

118 어문규정에 있는 주요 어휘

메별(袂別)	소매를 잡고 헤어진다는 뜻으로 섭섭히 헤어짐을 이름
희떱다	① 실속은 없어도 마음이 넓고 손이 크다. ② 말이나 행동이 분에 넘치며 버릇이 없다.
보늬	밤이나 도토리 따위의 속껍질(겉의 받침모양의 껍데기는 '깍정이'임)
부썩	① 마른 물건이 가볍게 부스러지는 소리나 모양 ② 외곬으로 세차게 우기거나 행동하는 모양
핫옷	안에 솜을 두어 만든 옷＝솜옷
연몌(連袂)	나란히 서서 함께 가거나 옴. 행동을 같이함을 뜻함
엇셈	서로 주고받을 것을 비겨 없애는 셈
냥쭝	귀금속이나 한약재 따위의 무게를 잴 때 쓰는 무게의 단위
상노인(上老人)	＝상늙은이. 여러 노인 가운데 가장 나이가 많은 사람
놀놀하다	① 털이나 풀 따위의 빛깔이 노르스름하다. ② 만만하며 보잘것없다.
요요무문	명예나 명성이 보잘것없어 남에게 알려지지 아니함
요요하다	① 고요하고 쓸쓸하다. ② 만만하고 상대하기 쉽다.
염념불망	자꾸 생각이 나서 잊지 못함≒염념재자(念念在玆)
인린하다	도깨비불이나 반딧불 따위가 번쩍거리다.
작히	'어찌 조금만큼만', '얼마나'의 뜻으로 희망이나 추측을 나타내는 말
굽도리	① 방 안 벽의 밑 부분 ② ＝굽도리지. 방 안 벽의 아랫도리에 바르는 종이

목거리	목이 붓고 아픈 병
뜨더귀	조각조각으로 뜯어내거나 가리가리 찢어 내는 짓. 또는 그 조각
다리(髢)	여자들이 머리숱이 많아 덧넣었던 딴머리
모가치	몫으로 돌아오는 물건
짜개	① 콩이나 팥 따위를 둘로 쪼갠 것의 한쪽 ② 낚시에서 쓰는 미끼
실쭉하다	① 입이나 눈이 한쪽으로 약간 실그러지게 움직이다. ② 마음에 차지 아니하여서 약간 고까워하는 태도를 드러내다.
실큼하다	싫은 생각이 있다.
골막하다	담긴 것이 가득 차지 아니하고 조금 모자란 듯하다.
젖뜨리다	=젖트리다. 힘을 주어 뒤로 기울이다.
얼루기	얼룩얼룩한 점이나 무늬 또는 그런 점이나 무늬가 있는 짐승이나 물건
깔쭉이	가장자리를 톱니처럼 파 깔쭉깔쭉하게 만든 주화(鑄貨)를 속되게 이르는 말
더펄이	① 성미가 침착하지 못하고 덜렁대는 사람 ② 성미가 스스럼이 없고 붙임성이 있어 꽁하지 않은 사람
칼싹두기	메밀가루나 밀가루 반죽 따위를 굵직굵직하고 조각 지게 썰어서 끓인 음식. 수제비, 칼국수 따위
푹하다	겨울 날씨가 퍽 따뜻하다.
상없다	보통의 이치에서 벗어나 막되고 상스럽다.
잔달다	하는 짓이 잘고 인색하다.
잗타다	팥이나 녹두 따위를 잘게 부서뜨리다.
뒷갈망	=뒷감당. 일의 뒤끝을 맡아서 처리함
우렁잇속	내용이 복잡하여 헤아리기 어려운 일. 의뭉스러운 속마음을 비유
사잣밥	초상난 집에서 죽은 사람의 넋을 부를 때 저승사자에게 대접하는 밥
찻종	차를 따라 마시는 종지
촛국	① 초를 친 냉국 ② 음식이 지나치게 신 것을 비유적으로 이르는 말
가욋일	필요 밖의 일
사삿일	개인의 사사로운 일
칩떠보다	눈을 치뜨고 노려보다.
고샅	초가지붕을 일 때 쓰는 새끼
고샅	시골 마을의 좁은 골목길
말곁[말·곁]	남이 말하는 옆에서 덩달아 참견하는 말
뻗정다리	=벋정다리. 구부렸다 폈다 하지 못하고 늘 뻗어있는 다리
골목쟁이	골목에서 더 깊숙이 들어간 좁은 곳
시러베아들	≒시러베자식. 실없는 사람을 낮잡아 이르는 말
위치마	갈퀴의 앞쪽에 가느다란 대나무 따위를 대고 철사나 새끼로 엮은 부분

웃국	간장이나 술 따위를 담가서 익은 뒤에 맨 처음 떠내는 진한 국
웃기	떡이나 과실 따위를 괸 위에 볼품으로 올려놓는 재료
웃비	한창 내리다가 잠시 그친 비
귀글	두 마디가 한 덩이로 짝지어져 있는 글
미다	① 털이 빠져 살이 드러나다. ② 찢어지다
내왕꾼	절에서 심부름하는 속인(俗人)
맵자하다	모양이 제격에 어울리다.
죽살이	생사. 죽고 사는 것을 다투는 정도의 고생
한통치다	나누지 아니하고 한곳에 합치다.
거든그리다	① 거든하게 거두어 싸다. ② 작은말은 '가든그리다'임
반빗아치	=찬비(饌婢). '반비' 노릇을 하는 사람. 반찬 만드는 일을 하는 여자 하인
보습	쟁기날
옹골차다	보기보다 속이 꽉 차서 실속이 있다.
거슴츠레하다	눈에 정기가 풀리어 흐리멍덩하다.
고까	~신, ~옷. 알록달록하고 곱게 만든 아이의 옷이나 신발. 고까옷/꼬까옷/때때옷
사래논	묘지기나 마름이 부쳐 먹는 땅
움파	겨울에 움 속에서 자란 빛이 누런 파
조당수	좁쌀을 물에 불린 다음 갈아서 묽게 쑨 죽
마방집	말을 두고 삯짐 싣는 일을 업으로 하는 집
방고래	방 구들장 밑으로 낸 고랑
장력세다	담력이 세어 무서움을 타지 아니하다.
다기지다/다기차다	보기보다 당차서 좀처럼 겁을 내지 아니하다.
어금버금하다/ 어금지금하다	서로 엇비슷하여 정도나 수준에 큰 차이가 없다.
책씻이/책거리	글방에서 읽던 책을 다 떼었을 때 스승과 동접들에게 한턱을 내는 일

119 '-다랗다', '-따랗다'

-다랗다	뒤에 것 발음 예 굵+다랗+다 → 굵다랗다
-따랗다	앞에 것 발음 예 · 넓+다랗+다 → 널따랗다 · 얇+다랗+다 → 얄따랗다 · 짧+다랗+다 → 짤따랗다

120 접두사 '제-'와 숫자의 띄어쓰기

1. 제-

접두사 - 반드시 붙여쓰기

2. 순서를 나타내는 경우, 아라비아 숫자

띄어쓰기(원칙)/붙여쓰기(허용) 〈한글 맞춤법 제43항〉

제1과 제2장(○)	제1과 제2∨장(○)	제∨1과 제∨2장(×)	제1과 제∨2∨장(×)
고등어 한∨마리(○) ※ '한'은 관형사임	고등어 한마리(×)	1∨마리(○)	1마리(○)
두∨시(○)	두시(×)	2∨시(○)	2시(○)
두∨시 삼십∨분 오∨초(○)	두시 삼십분 오초(○)	※시간이 연이어 나오면 순서(차례)가 됨	
7미터(○)	7∨미터(○)	칠미터(×)	칠∨미터(○)

121 높임법

주체 높임법	행위의 주체를 높임 (주어↑)	• 선어말 어미 '-(으)시-'에 의해 실현(직접 높임, 간접 높임) • 주격 조사 '께서', 높임의 접미사 '님' 예 저기 선생님께서 오신다.
객체 높임법	행위의 미침을 받는 대상을 높임 (목적어↑, 부사어↑)	• 특수 어휘 {드리다, 모시다, 뵈다(뵙다), 여쭈다(여쭙다)} 사용 • 부사격 조사 '께' 예 • 어제 그분을 뵈었습니다. 　• 나는 아버지를 모시고 병원으로 갔다.
상대 높임법	듣는 사람을 높임 (상대방(청자)↑, ↓)	• 문장 종결 표현으로 실현 　– 격식체: 하십시오체, 하오체, 하게체, 해라체 　– 비격식체: 해요체, 해체 예 • 철수야 빨리 가거라. (아주 낮춤) 　• 김 군, 빨리 가게. (예사 낮춤) 　• 빨리 가시오. (예사 높임) 　• 빨리 가십시오. (아주 높임) 　• 방학이 이제 얼마 남지 않았습니다. (하십시오체) 　• 방학이 이제 얼마 남지 않았어요. (해요체) 　• 혜리야 빨리 가. (해체)

122 소개 원칙

1. 친소 관계를 따져 자기와 가까운 사람을 먼저 소개한다.

2. 손아래 사람을 손위 사람에게 먼저 소개한다.

3. 남성을 여성에게 먼저 소개한다.

4. 이러한 상황이 섞여 있을 때에는 1, 2, 3의 순서로 작용한다.

알맹이 예제

젊은 자기의 남자 선생님과 어머니를 소개해야 하는 경우
"선생님, 저의 어머니이십니다."라고 어머니를 선생님에게 먼저 소개한 다음에 "어머니, 우리 선생님이십니다."라고 소개하는 것이 좋다.

알맹이 연습문제

집 앞으로 맑은 물이 흐른다.

1) 음운의 개수: 2) 음절의 개수:
3) 어절의 개수: 4) 단어의 개수:
5) 형태소의 개수:
  ㉠ 실질형태소의 개수: ㉡ 형식형태소의 개수:
  ㉢ 자립형태소의 개수: ㉣ 의존형태소의 개수:

1. 음운(音韻)의 개수

① 반드시 발음을 기준으로 따진다.
② 초성의 'ㅇ'은 음운이 아니다.
③ 쌍자음과 이중모음은 하나의 음운이다.

> **예**
>
> | 잉어[잉어] – 3개 | 어머니[어머니] – 5개 |
> | --- | --- |
> | 나뭇잎[나문닙] – 8개 | 소화기[소화기] – 6개 |

2. 음절(音節)의 개수

한 번에 소리 낼 수 있는 소리마디
① 모음 하나로 된 음절: [에], [이], [야]
② '자음+모음'으로 된 음절: [사], [네], [누], [니], [다]
③ '모음+자음'으로 된 음절: [온], [악], [앙]
④ '자음+모음+자음'으로 된 음절: [간], [종], [밥]
  → 이 때 한 음절의 중심을 이루는 모음을 가운뎃소리라 하고 그 앞의 자음은 첫소리, 그
  뒤의 자음은 끝소리라 한다.
  예 산에 눈이 온다. → [사], [네], [누], [니], [온], [다] (여섯 음절)

3. 어절(語節)의 개수

띄어쓰기의 단위이다.
예 길에코스모스가활짝피었습니다. → 길에∨코스모스가∨활짝∨피었습니다. (네 어절)

4. 단어(單語)의 개수

① 조사는 홀로 쓰일 수 없지만 분리성이 있어서 단어로 인정한다.
② 단어의 개수는 어절과 조사의 개수를 합한 것이다.
　　예 식탁에는 먹을 것이 많다. → 어절의 개수(4개)＋조사의 개수(에, 는, 이)＝7개

어휘 풀이

· 단어(單語, 낱말): 뜻을 지닌 말 중에서 홀로 쓰일 수 있는 말의 최소 단위

5. 형태소의 개수

① 자립성(自立性)의 유무에 따라
　　㉠ 자립(自立)형태소: 혼자 쓰일 수 있는 형태소
　　　　예 체언(명사, 대명사, 수사), 수식언(관형사, 부사), 독립언(감탄사)
　　㉡ 의존(依存)형태소: 반드시 다른 말에 기대어 쓰는 형태소
　　　　예 조사, 어미, 접사, 용언의 어간
② 실질성(實質性)의 유무에 따라
　　㉠ 실질(實質)형태소: 실질적인 의미를 가진 형태소
　　　　예 자립형태소, 용언의 어간
　　㉡ 형식(形式)형태소: 형식적인 의미, 즉 문법적인 의미만을 표시하는 형태소
　　　　예 조사, 어미, 접사

· 형태소(形態素): 뜻을 지닌 의미의 최소 단위

알맹이 연습문제

※ 형태소 개수를 구하시오.

1) 다른 사람은 우리와 다른 생각을 해. → (　　　)개
2) 아기가 방에서 잠을 잔다. → (　　　)개
3) 난 밥을 먹을 수밖에 없다. → (　　　)개
4) 먼 나라에 가 다른 삶을 살아봐라. → (　　　)개
5) 새로운 삶을 살 언니가 자랑스럽다 → (　　　)개

알맹이 풀이

1) 11개
2) 10개
3) 10개
4) 14개
5) 13개

---

124 ▶ 수의 발음 – 길게 발음하는 숫자

고유어	둘:(두:), 셋:(세: 서: 석:), 넷:(네: 너: 넉:), 쉰:
한자어	이:(二), 사:(四), 오:(五), 만:(萬)

예 이:월(二月), 이:중국적(二重國籍), 이:원론(二元論), 셋:째, 쉰:그루 등

125 ▶ 조리다, 졸이다

조리다	생선, 고기, 채소 양념이 배어들게 끓임 (장조림, 생선조림) 예 생선을 양념에 배게 조리다.(○)
졸이다	① 찌개, 국, 한약을 바짝 끓여내다. ('졸다'의 사동사) ② 애태우다, 초조하다 예 찌개를 국물이 없이 바짝 졸이다.(○), 마음을 졸이다.(○)

예 국물을 바짝 졸여 생선을 조리다.

126 ▶ 닫히다, 닫치다

닫히다	'닫다'의 피동 (닫음을 당하다) 예 문이 닫혔다.
닫치다	세게 닫다 ('-치-': 강세 접미사) 예 문을 닫쳤다.

예 어제 은행 문이 닫혀서 화가 나 자동차 문을 닫쳤다.

127 ▶ ㅣ모음 역행동화

> ㅣ모음 역행 동화는 원래 비표준발음이고, 표기 또한 인정하지 않는다.

예 아기(○)-[애기](×)　　　　　　　아비(○)-[애비](×)
　아지랑이, 오라비, 가랑이, 덤터기, 곰팡이, 싸라기

알맹이 이론

ㅣ모음 역행동화 예외 표기
-내기, 냄비, 동댕이치다, -쟁이, 나부랭이, 조무래기, 꼬챙이 → ㅣ모음 역행동화

128 중요 주제별 한자성어

01	어리석은 융통성 없는 사람	각주구검(刻舟求劍), 교주고슬(膠柱鼓瑟), 수주대토(守株待兔), 미생지신(尾生之信)
02	열심히 하면 이루어짐	십벌지목(十伐之木), 우공이산(愚公移山), 마부위침(磨斧爲針), 마부작침(磨斧作針), 수적천석(水滴穿石) ↔ 백년하청(百年河淸): 해도 안 됨, 불가능함
03	무모한 행동	견문발검(見蚊拔劍), 포호빙하(暴虎馮河), 당랑거철(螳螂拒轍)
04	서로 우열을 가리기 어려움	정족지세(鼎足之勢, 솥발처럼 서로 맞섬), 호각지세(互角之勢, 솟아날 뿔이 비슷비슷한 위세), 백중지세(伯仲之勢), 난형난제(難兄難弟), 막상막하(莫上莫下), 쌍벽(雙璧) ※ 기호지세(騎虎之勢)＝파죽지세(破竹之勢): 거칠 것 없는 형세
05	제3자가 이익을 봄	견토지쟁(犬兔之爭, 개와 토끼의 싸움), 어부지리(漁父之利), 방휼지쟁(蚌鷸之爭, 조개와 도요새의 싸움) ※ 와각지쟁(蝸角之爭): 달팽이 뿔 위에서 싸움, 하찮은 일로 싸우는 것
06	서로 어울릴 수 없는 사이가 나쁜 관계	견원지간(犬猿之間, 개와 원숭이의 사이), 견묘지간(犬猫之間, 개와 고양이의 사이), 빙탄지간(氷炭之間, 얼음과 숯불의 사이), 빙탄불상용(氷炭不相容)

129 중의적 표현 Best 10

• 중의적 표현: 두 가지 이상의 의미로 해석되는 표현

01	용감한 그의 아버지는 적군을 향해 돌진했다. → '용감한'이 '그'를 꾸미는지, '그의 아버지'를 꾸미는지 명확하지 않다.
02	그 판매원은 웃으면서 들어오는 손님에게 인사를 건넸다. → '웃으면서'의 주체가 '판매원'인지 '손님'인지 모호하다.
03	남편은 나보다 영화를 더 좋아한다. → 남편은 나를 좋아하기보다는 영화를 더 좋아한다. 〈대상 비교〉 → 남편은 내가 영화를 좋아하는 것보다 더 영화를 좋아한다. 〈정도 비교〉
04	그는 혜리와 수지를 만났다. → 그는 혜리와 수지 둘 다 만났다. → 그는 혜리와 함께 수지를 만났다.

05	어머니께서 사과와 귤 두 개를 주셨다.
	→ 어머니께서 사과 한 개와 귤 한 개를 주셨다.
	→ 어머니께서 사과 두 개와 귤 두 개를 주셨다.
	→ 어머니께서 사과 한 개와 귤 두 개를 주셨다.
06	어머니가 아이에게 새 옷을 입히셨다.
	→ 어머니가 아이에게 직접 새 옷을 입혔다. (직접 사동의 의미)
	→ 어머니가 아이 스스로 새 옷을 입도록 하였다. (간접 사동의 의미)
07	혜리가 신발을 신고 있다.
	→ 혜리가 신발을 신은 상태이다. (완료)
	→ 혜리가 지금 신발을 신고 있는 중이다. (진행)
08	그가 걸음을 걷는 것이 이상하다.
	→ 그의 걸음걸이가 이상하다.
	→ 그가 걸음을 걷는다는 사실 자체가 이상하다.
09	김 선생님은 호랑이다.
	→ 김 선생님은 호랑이처럼 무섭다.
	→ 김 선생님은 호랑이처럼 생겼다.
	→ 김 선생님은 호랑이의 역할을 맡았다.
10	손 좀 봐줘.
	→ (나의)손 좀 봐줘. (확인)
	→ (이 기계)손 좀 봐줘. (수리)
	→ (그 사람)손 좀 봐줘. (질책)

130 〉 게

揭(걸 게)	원래 한자가 '게'인 경우, '게'로 표기함
憩(쉴 게)	

예 국기 게양, 게시판, 휴게실, 신문 게재

131 봉투 쓸 때의 언어 예절

1. 봉투를 쓸 때는 다음과 같이 쓴다.

○○○＋직함＋님(께)	○○○ 좌하	○○○ 귀하	○○○ 님
○○○ 앞	○○ 주식회사 귀중	○○ 주식회사 ○○○ 사장님	○○ 주식회사 ○○○ 귀하

2. 귀하, 귀중

'귀하'는 사람 이름 뒤에, '귀중'은 단체나 기관의 이름 다음에 쓴다.

3. 좌하, 즉견

'좌하'는 부모님이나 스승 등 공경하는 사람에게 보낼 때, '즉견'은 손아랫사람에게 즉시 보라는 의미로 보낼 때 쓰는 말이다.

4. 직함 뒤에 다시 '귀하'나 '좌하' 등을 쓰지 않는다.

예 ○○○ 사장님 귀하(×)

132 '열/율'과 '렬/률'

모음, ㄴ 받침 뒤	열/율 예 내재율, 비율, 선열, 분열, 나열, 치열, 규율, 전율, 백분율, 실패율, 인하율, 흡연율, 출산율, 불문율
그 외	렬/률 예 외형률, 강렬, 격렬, 합격률, 명중률, 입학률, 시청률, 인상률, 경쟁률

* 列 벌일 렬(열), 劣 못할 렬(열), 裂 찢을 렬(열), 律 법 률(율), 率 헤아릴 률(율), 慄 두려울 률(율)

133 부모와 자식의 호칭어/지칭어

구분	호칭어	지칭어			
		자기		남 他	
		산 사람	죽은 사람	산 사람	죽은 사람
아버지	아버지	아버지 부친 父親 가친 家親 엄친 嚴親 가군 家君 부주 父主	아버지(님) 선친 先親 선고 先考 선군 先君 선부군先父君	○○ 아버지(님) 춘부장 春府丈/椿府丈 춘당 春堂/椿堂 춘장 椿丈 영존 令尊 대인 大人	○○ 아버지(님) 선대인 先大人 선고장 先考丈 선장 先丈
어머니	어머니	어머니 모친 母親 자친 慈親 가자 家慈 모주 母主	어머니(님) 선비 先妣 선자 先慈	○○ 어머니(님) 자당 慈堂 훤당 萱堂 북당 北堂 모당 母堂 대부인 大夫人 모부인 母夫人	○○ 어머니(님) 선대부인 先大夫人 선부인 先夫人
아들	○○ [이름] ○○ 아비 (아범)	○○ [이름] ○○ 아비(아범) 돈아 豚兒 가아 家兒 가돈 家豚 미돈 迷豚		아드님 영식 令息 영윤 令胤 영랑 令郎	
딸	○○[이름] ○○ 어미(어멈)	○○ [이름] ○○ 어미(어멈) 여식 女息		따님 영애 令愛 영양 令孃 영교 令嬌	
손자	○○ [이름]	손자 孫子 손아 孫兒		영손 令孫 영포 令抱	

134 끼어들기

1. 자동차 {끼어들기(○), 끼여들기(×)} 집중 단속

2. 끼다(○), 끼이다(×) − 끼+어(보조적 연결 어미)+들기

   ※ '끼여들기'가 되면 '끼+이(사동)+어+들기'로 되어 쓸데없는 사동 표현이 됨

135 구개음화 (표준발음법 제17항)

ㄷ, ㅌ+(조사나 모음 접미사) ㅣ → [ㅈ, ㅊ]

예

굳이[구지]	해돋이[해도지]	같이[가치]
미닫이[미다지]	땀받이[땀바지]	밭이[바치]
벼훑이[벼훌치]		

- 닫히다[다티다 → 다치다]: 음운의 축약이 일어난 후에 구개음화가 일어남
- 논이랑 밭이랑 샀다. → [바치랑] 구개음화
- 밭이랑에 감자를 심었다. → [받니랑 → 반니랑] 음절의 끝소리 규칙, ㄴ음 첨가, 자음동화 (비음화)

예외 한 형태소 안에서나 합성어에서는 일어나지 않는다.
잔디, 티끌, 견디다, 버티다, 느티나무, 마디…

136 와, 과

1. 부사격 조사

주어/목적어 뒤에서 동반·비교의 뜻

예
- 철수는 영수와 싸우다. – 동반
- 철수는 영수와 다르다. – 비교

2. 접속조사

단어, 문장의 접속 기능 (뒤에 바로 체언이 따라 옴)
① 문장 접속: 문장을 분리할 수 있다. (겹문장) (A+B)
   예 철수와 영수는 우등생이다.
② 단어 접속: 문장으로 분리될 수 없다. (홑문장) (A+A′)
   예 철수와 영수는 닮았다.

137 낫잡다/낮잡다, 띄다/띠다

1. 낫잡다/낮잡다

낫잡다	조금 넉넉하게 치다. 예 음식을 낫잡아 준비하자.
낮잡다	낮추어 대하다. 실제보다 낮게 치다. 예 가난하다고 낮잡아 보는 것이냐.

2. 띄다/띠다

띄다	간격(띄어쓰기, 띄엄띄엄), 얼핏 보이다, 감았던 눈이 떠짐 예 그녀가 멀리 눈에 띄었다.
띠다	가지다, 지니다, 나타내다, 두르다 예 얼굴에 미소를 띠다.

138 반의 관계

상보 반의어	중간항이 없음, 모순 관계 예 합격-불합격, 삶-죽음, 참-거짓, 있다-없다
정도 반의어	중간항이 있음, 반대 관계 예 길다-짧다, 쉽다-어렵다, 덥다-춥다, 기쁘다-슬프다
방향 반의어	방향, 이동, 관계의 대립, 상대/상호 관계 예 위-아래, 가다-오다, 부모-자식, 출발-도착, 스승-제자, 남편-아내

07

다음의 특성을 지닌 어휘 관계만으로 묶인 것은?   2015 국회직 8급

- 각각의 의미 영역이 상호 배타적이다.
- 한쪽을 부정하면 곧 다른 쪽을 긍정하는 것이 된다.
- 정도 부사의 수식을 받을 수 없고 비교 표현도 사용할 수 없다.

① 남성 – 여성, 알다 – 모르다, 빠르다 – 느리다
② 높다 – 낮다, 밝다 – 어둡다, 가다 – 오다
③ 살다 – 죽다, 참 – 거짓, 있다 – 없다
④ 아래 – 위, 부모 – 자식, 주다 – 받다
⑤ 좋다 – 싫다, 깨끗하다 – 더럽다, 맞다 – 틀리다

139 혼합하여 쓰면 틀리는 표기

○	○	×
곱슬머리	고수머리	곱수머리
갯벌	개펄	갯펄
핼쑥	해쓱	핼쓱
덩굴	넝쿨	덩쿨
봉숭아	봉선화	봉숭화
뵈어	보여	뵈여
꺼림칙하다	께름칙하다	께림칙하다

140 부시다, 부수다

부시다	눈부시다, 설거지하다
부수다	깨뜨리다

*부서지다(○), 부숴지다(×), 부서뜨리다(○), 부숴뜨리다(×)

담다, 담그다

• 담그다
  − 액체 속에 넣다.
  − 김치 · 술 · 장 · 젓갈

1. 담다 − 넣다 → 담아, 담았다

2. 담그다 − 김치, 술 → 담가, 담갔다 (— 탈락)

예 김치를 (담가서) 항아리에 (담았다)

142 **반어와 역설**

1. 반어(irony)

상반된 진술 → 속마음과는 정반대(언어:상황)

[예문]
• 먼 후일 당신이 찾으시면 / 그 때에 내 말이 잊었노라. 김소월 〈먼 후일〉
• 죽어도 아니 눈물 흘리오리다. 김소월 〈진달래꽃〉
• 문득 김 첨지는 미친 듯이 제 얼굴을 죽은 이의 얼굴에 한데 비벼대며 중얼거렸다. "설렁탕을 사다 놓았는데 왜 먹지를 못하니, 왜 먹지를 못하니⋯⋯ 괴상하게도 오늘은 운수가 좋더니만⋯⋯" 현진건 〈운수좋은 날〉
• 어사또 분부하되, "너만 년이 수절한다고 관정 포악하였으니 살기를 바랄쏘냐. 죽어 마땅하되 내 수청도 거역할까" 춘향이 기가 막혀 "내려오는 관장(官長)마다 개개이 명관(名官)이로구나. 〈춘향전〉
• 오늘도 그대를 사랑하는 일보다 기다리는 일이 더 행복하였습니다. 정호승 〈또 기다리는 편지〉
• 영화가 시작하기 전에 우리는 일제히 일어나 애국가를 경청한다. 삼천리 화려 강산의 을숙도에서 황지우 〈새들도 세상을 뜨는구나〉
• 외우기도 좋아라 하급반 교과서 김명수 〈하급반 교과서〉
• 오랫동안 전해 오던 그 사소함으로 그대를 불러 보리라 황동규 〈즐거운 편지〉
• 어인 귓도리 지는 둘 새는 밤의 긴 소릐 쟈른 소릐 節節(절절)이 슬픈 소릐 제 혼자 우러 녜어 紗窓(사창) 여읜 줌을 솔 쓰리도 씨오는고야.
• 일세의 혁명가가 인제 중학교나 면한 어린애를 친구라기는 창피도 할 걸세. 대단 영광일세. 염상섭 〈삼대〉
• 뼈에 시리도록 생활은 슬퍼도 좋다. 푸른 별을 바라보자. 신석정 〈들길에 서서〉

• 솔 쓰리도: 잘도('얄밉게도'의 반어적 표현)

작품의 제목과 이름에 나타난 반어적 표현
• 현진건 〈운수 좋은 날〉
• 전영택 〈화수분〉
• 박영준 〈모범 경작생〉
• 채만식 〈태평천하〉
• 김동인 〈감자〉에서 '복녀'

* 화수분 : 재물이 계속 나오는 보물 단지

2. 역설(paradox)

불가능한 진술(모순형용) → 숨은 뜻의 의미 강조(언어:언어)

* 역설
– 이치에 맞지 않음
– 언어와 언어의 괴리
– 말이 안 되는 것

[예문]
• 우리에게 이 어둠이 얼마나 환희(歡喜)입니까?   고은 〈기(旗)〉
• 죽음은 이렇듯 미움까지도, 사랑보다도 더 너그러운 것이다.   구상 〈초토의 시8〉
• 모란이 피기까지는 / 나는 아직 기다리고 있을 테요 / 찬란한 슬픔의 봄을   김영랑 〈모란이 피기 까지는〉
• 향기로운 주검의 내도 풍기리 / 살아서 섧던 주검 죽었으매 이내 안 서럽고   박두진 〈묘지송〉
• 우리들의 사랑을 위하여서는 / 이별이, 이별이 있어야 하네.   서정주 〈견우의 노래〉
• 괴로웠던 사나이 / 행복한 예수 그리스도에게처럼 / 십자가가 허락된다면   윤동주 〈십자가〉
• 이것은 소리 없는 아우성   유치환 〈깃발〉
• 나는 향기로운 님의 말소리에 귀먹고 꽃다운 님의 얼굴에 눈멀었습니다. 아아 님은 갔지마는 나는 님을 보내지 아니하였습니다.   한용운 〈님의 침묵〉
• 바라보노라, 온갖 것의 보이지 않는 움직임을   고은 〈눈길〉
• 네 이름의 외로운 눈부심 위에   김지하 〈타는 목마름으로〉
• 크게 버리는 사람만이 크게 얻을 수 있다는 말이 있다.   법정(法頂) 〈무소유(無所有)〉
• 낮과 밤으로 흐르고 흐르는 남강은 가지 않습니다. 천추에 죽지 않는 논개여, 하루도 살 수 없는 논개여   한용운 〈논개의 애인이 되어 그의 묘에〉
• 두 볼에 흐르는 빛이 / 정작으로 고와서 서러워라   조지훈 〈승무〉
• 밤에 홀로 유리를 닦는 것은 / 외로운 황홀한 심사이어니   정지용 〈유리창〉
• 겨울은 강철로 된 무지갠가 보다   이육사 〈절정〉
• 사랑보다 소중한 슬픔을 주겠다.   정호승 〈슬픔이 기쁨에게〉
• 결별이 이룩하는 축복   이형기 〈낙화〉
• 엄동 혹한일수록 선연히 피는 성에꽃   최두석 성에꽃〉
• 이별은 미(美)의 창조입니다.   한용운 〈이별은 미의 창조〉
• 저 캄캄한 대낮 과녁이 달려온다.   고은 〈화살〉
• 높이도 폭도 없이 떨어진다.   김수영 〈폭포〉
• 남들은 자유를 좋아한다고 하지만 나는 복종을 좋아하여요   한용운 〈복종〉

143 '—'형태가 표준어인 경우

현대 국어에서는 전설 모음화(— → ㅣ)를 인정하지 않음

— (○)	ㅣ (×)
<u>부스스, 으스스</u>	부시시, 으시시
스라소니	시라소니
부스럼	부시럼
흉(망)측하다	흉(망)칙하다
고즈넉이	고지넉이
복슬복슬	복실복실
까슬까슬	까실까실
메스껍다/매스껍다	메시껍다
<u>으스대다</u>	으시대다
괜스레	괜시리
예외	
— (×)	ㅣ (○)
넌즈시	넌지시
느즈막이	느지막이
이즈러지다	이지러지다
저즈레	저지레 (문제가 생기어 그르치는 일)

* 꼬적거리다(○), 끼적거리다(○)

144 사잇소리 현상과 사이시옷 표기 (표준발음법 제28항, 제30항) / 한글 맞춤법 제30항

1.

> 울림소리   +   ㄱ, ㄷ, ㅂ, ㅅ, ㅈ
> (ㄴ, ㄹ, ㅁ, ㅇ, 모음)   └ 된소리 발음 [ㄲ, ㄸ, ㅃ, ㅆ, ㅉ]
>   └ 사이시옷 표기

예 등+불[등뿔], 산+길[산낄]

    바닷+가[바다까](원칙), [바닫까](허용)

① 제30항: 냇가, 샛길, 깃발, 콧등, 햇살, 뱃속, 뱃전, 빨랫돌, 고갯짓, 대팻밥

② 제28항: 문고리, 눈동자, 신바람, 산새, 손재주, 길가, 물동이, 발바닥, 굴속, 술잔, 바람결, 그믐달, 초승달, 등불, 창살, 강줄기

예

선짓국	만둣국	두붓국	장밋빛	나룻배	꼭짓점	사글셋방	등굣길	신붓감
최솟값	안줏감	시래깃국	북엇국	최솟값	햇빛	보랏빛	장밋빛	막냇동생

2.

> 모음 + 첫소리 ㄴ, ㅁ
> ↓ ㄴ음 첨가
> 사이시옷 표기

예

콧+날[콘날]	잇+몸[인몸]	뒷+머리[뒨머리]	훗+날[훈날]
아랫니	툇마루	뱃머리	

3.

> 모음 + 이, 야, 여, 요, 유
> ↓ ㄴㄴ음 첨가
> 사이시옷 표기

예

예삿+일[예산닐]	나뭇+잎[나문닙]		
베갯잇	깻잎	도리깻열	뒷윷

145 된소리되기(경음화) (표준발음법 제23항~제27항)

1. 받침 [ㄱ, ㄷ, ㅂ] + ㄱ, ㄷ, ㅂ, ㅅ, ㅈ → [ㄲ, ㄸ, ㅃ, ㅆ, ㅉ] 된소리로 발음

> 예 국밥[국빱], 덮개[덥깨], 옆집[엽찝], 책도[책또], 입고[입꼬]

2. 용언의 어간 끝소리 ㄴ, ㅁ + ㄱ, ㄷ, ㅅ, ㅈ → [ㄲ, ㄸ, ㅆ, ㅉ] 된소리로 발음

> 예 신고[신:꼬], 껴안다[껴안따], 삼고[삼:꼬]
> 예외 피동, 사동의 접미사 '-기'는 제외 – 감기다[감기다], 안기다[안기다]

3. 앞 말의 받침 [ㄹ] (관형사형 어미ㄹ/ㄹ시작 어미/받침 ㄼ, ㄾ) + ㄱ, ㄷ, ㅂ, ㅅ, ㅈ → [ㄲ, ㄸ, ㅃ, ㅆ, ㅉ] 된소리로 발음

> 예 할 것을[할꺼슬], 만날 사람[만날싸람], 할걸[할껄], 할수록[할쑤록], 넓게[널께], 핥다[할따]

4. 한자어 ㄹ 받침+ㄷ, ㅅ, ㅈ → [ㄸ, ㅆ, ㅉ] 된소리로 발음

> 예 갈등[갈뜽], 절도[절또], 발전[발쩐], 말살[말쌀]
> 예외 같은 한자가 겹쳐진 단어는 제외 – 허허실실(虛虛實實), 절절(切切)하다, 결결(缺缺), 별별(別別)

146 사이시옷을 표기하지 않는 경우

* 사이시옷 표기 하지 않는 2음절 한자어

○	×
시가	싯가
화병	홧병
치과	칫과
내과	냇과
대구	댓구
초점	촛점
대가	댓가
허점	헛점

1. 한자어+한자어인 경우(우리말+우리말, 한자어+우리말인 경우에 사이시옷이 표기됨)

> 예 유리잔, 소주잔, 제사상, 기차간, 초점, 대구, 개수, 마구간

알맹이 이론

한자어 사이시옷 적는 6개 단어
숫자(數字), 횟수(回數), 찻간(車間), 곳간(庫間), 툇간(退間), 셋방(貰房)
(※ 전세방, 기차간, 차간거리, 월세방, 사글셋방)

2. 뒤에 거센소리/된소리가 오는 경우

> 예 위층, 위쪽, 뒤풀이, 머리뼈, 뒤꿈치, 뒤꽁무니, 뒤태, 나루터, 뒤뜰, 낚시터, 낚시꾼, 보리쌀, 개펄

3. 파생어인 경우

> 예 해님, 나라님

4. 외래어＋고유어

> 예 피자집, 비디오방, 택시값, 핑크빛

5. 도로명인 경우

> 예 개나리길, 대전여고길 (※ 등굣길, 하굣길 – 길 이름 아님)

---

147 사잇소리 현상의 예외적 단어

암기법 TIP

사잇소리현상의 예외적 단어(된소리 발음× or ㄴ음 첨가×)

- 모래집, 나무집, 기와집에서 농사일하며
  고동소리에 고개들어 보니 뒤바람 소리구나
  무아   래구
  줄줄   기멍
           름

- 노래방에서 불장난 치고 오리발 내미니
  인사말, 소개말도 없이 머리말 꼬리말 잡고
  예사말, 반대말로 싸우네

148 사이시옷 표기 주의해야 할 단어

1. 국 시리즈 - 사이시옷 표기함

뭇국	선짓국	순댓국	북엇국
우거짓국	시래깃국	만둣국	두붓국

*'국'은 우리말임. 국의 한자어는 탕(湯)임

2. 말 시리즈 - 사이시옷 표기 주의

① 사이시옷 표기 하지 않음(예외)

인사말	소개말	머리말	반대말	예사말	꼬리말

② 사이시옷 표기함

혼잣말(○)	노랫말(○)	존댓말(○)

3. 마구간, 푸줏간/고깃간

① 마구간(馬廏間, 한자어+한자어, 사이시옷 표기 ×)
② 수라간(水剌間)
③ 푸줏간/고깃간(우리말+한자어, 사이시옷 표기 ○)

4. 빛 시리즈 - 사이시옷 표기함

보랏빛	장밋빛	햇빛	연둣빛

※ '핑크빛'은 외래어가 결합되어 사이시옷 표기하지 않음

5. 값 시리즈

최솟값	근삿값	킷값	나잇값	대푯값

※ 수학 용어에서 '꼭짓점'은 '우리말+한자어'의 결합이어서 사이시옷 표기를 하고, '소수점'은 '한자어+한자어'의 결합이어서 사이시옷 표기하지 않음

149 주요 한자어 접두사와 접미사 – 파생어

1. 주요 한자어 접두사

01	공– (空 빌 공)	① 힘이나 돈이 들지 않은 예 공것, 공돈, 공술 ② 빈 또는 효과가 없는 예 공수표, 공염불 ③ 쓸모없이 예 공돌다, 공치다
02	양– (洋 바다 양)	서구식의, 외국에서 들여온 예 양변기, 양약, 양송이, 양담배
	양– (養 기를 양)	직접적 혈연관계가 아닌 예 양부모, 양아들, 양딸
03	시– (媤 시집 시)	남편의 예 시동생, 시누이
04	생– (生 날 생)	① 익지 아니한 예 생김치, 생쌀 ② 물기가 아직 마르지 아니한 예 생나무, 생장작 ③ 가공하지 아니한 예 생가죽, 생맥주 ④ 직접적인 혈연관계인 예 생부모, 생어머니 ⑤ 억지스러운, 공연한 예 생고생, 생과부, 생이별, 생떼 ⑥ 지독한, 혹독한 예 생지옥 ⑦ 얼리지 아니한 예 생고기, 생새우, 생고등어, 생갈치
05	강– (强 강할 강)	매우 센, 호된 예 강염기, 강추위, 강타자, 강행군, 강산성
06	중– (重 무거울 중)	① 무거운 예 중공업, 중금속, 중장비 ② 심한 예 중노동, 중환자
07	불– (不 아니 불)	아님, 어긋남 예 불가능, 불공정, 불규칙, 불완전
08	여– (女 계집 여)	여자 예 여간첩, 여동생, 여배우
09	잡– (雜 섞일 잡)	여러 가지가 뒤섞인, 자질구레한 예 잡것, 잡상인, 잡소리, 잡탕
10	준– (準 준할 준)	그에 비길 만한 예 준결승, 준우승, 준회원
11	건– (乾 마를 건)	① 마른, 말린 예 건어물, 건포도, 건오징어 ② 겉으로만 예 건울음, 건주정
12	내– (內 안 내)	안 예 내분비, 내출혈
13	부– (副 버금 부)	버금가는, 부차적인 예 부반장, 부사장, 부수입

14	왕- (王 임금 왕)	① 매우 큰, 매우 굵은 예 왕개미, 왕게, 왕소금 ② 매우 심한 예 왕고집, 왕가뭄

2. 주요 한자어 접미사

01	-실 (室 집 실)	방 예 탈의실, 수술실, 교무실, 연구실
02	-기 (氣 기운 기)	기운, 느낌, 성분 예 시장기, 소금기, 화장기, 바람기
	-기 (期 기약할 기)	기간, 시기 예 유아기, 청년기
	-기 (器 그릇 기)	① 도구, 기구 예 녹음기, 주사기 ② 기관 예 생식기, 소화기, 호흡기
	-기 (機 틀 기)	기계 장비 예 비행기, 전투기, 이앙기, 탈곡기
03	-한 (漢 사나이 한)	그와 관련된 사람 예 파렴치한, 무뢰한, 호색한
04	-가 (家 집 가)	① 그것을 전문적으로 하는 사람 예 건축가, 교육가, 작곡가 ② 그것에 능한 사람 예 외교가, 이론가, 전략가 ③ 그것을 많이 가진 사람 예 자본가, 장서가 ④ 그 특성을 지닌 사람 예 명망가, 애연가 ⑤ 가문, 문중 예 명문가, 세도가
05	-치 (値 값 치)	값 예 기대치, 최고치, 평균치, 한계치
06	-성 (性 성품 성)	성질 예 순수성, 신축성, 인간성, 적극성
07	-구 (具 갖출 구)	용구, 도구 예 운동구, 필기구, 피임구
08	-금 (金 쇠 금)	돈 예 계약금, 기부금, 장학금, 축하금
09	-지 (紙 종이 지)	종이, 신문 예 포장지, 일간지, 조간지
10	-판 (版 널 판)	인쇄하여 펴낸 것 예 개정판, 명함판
11	-차 (次 버금 차)	목적 예 연구차, 인사차, 사업차

12	−화 (化 될 화)	되도록 함 예 근대화, 기계화, 자동화
13	−부 (婦 며느리 부)	어떤 일을 하는 여자 예 파출부, 가정부
14	−대 (代 대신할 대)	물건 값으로 치르는 돈 예 도서대, 양곡대, 신문대
15	−관 (官 벼슬 관)	공적인 직책을 맡은 사람 예 감독관, 경찰관, 소방관
	−관 (觀 볼 관)	관점, 견해, 입장 예 가치관, 인생관, 경제관, 종교관
16	−급 (級 등급 급)	그에 준하는 예 국보급, 사장급, 재벌급
17	−산 (産 낳을 산)	산출된 물건 예 한국산, 국내산, 제주산
18	−왕 (王 임금 왕)	으뜸이 되는 사람이나 동물 예 발명왕, 싸움왕, 저축왕

150 여/짜리/어치/씩/꼴/당

수, 수량의 접미사 (앞말과 붙여 쓰기)

예 백여 개, 십 원짜리, 만 원어치, 백 원씩, 한 명꼴, 한 마리당

151 ▶ 며칠

며칠(○)	몇 월(○)	몇 일(×)

예 오늘이 몇 월 몇 일(×) 입니까?
        └ 며칠 (현실 발음을 고려)

152 ▶ 걷잡다, 겉잡다

걷잡다	수습하다. 예 걷잡을 수 없는 상태. 걷잡을 수 없게 악화한다.
겉잡다	겉으로 짐작하다. 예 겉잡아서 이틀 걸릴 일. 겉잡아서 50명 정도는 되겠다.

153 ▶ 'ㅜ' 형태 표준어

'ㅜ' 모음 형태	미숫(미숫가루), 미루나무, 상추, 호두, 지루하다, 루주, 연거푸, 에구머니, 수프

154 ▶ 이름의 로마자 표기

| 홍빛나 | Hong Binna(×), Hong bitna(×), Hong binna(×)
Hong Bit-na(○), Hong Bitna(○) |

① 사람 이름은 발음 변화 ×

② 이름에 붙임표 쓰는 것은 허용

③ 이름은 표기 그대로 쓰는 전자법에 따름. 단, 음절의 끝소리 규칙은 반영

　예 한복남[한봉남] {Han Boknam(○), Han Bongnam(×)}

155 ▶ '종로'와 '종로 3가'의 로마자 표기

| 종로 | • Jong-ro: 길 이름 (도로명)
• sejong-ro * 도로명 - 로(ro), 가(ga), 길(gil), 대로(daero)) |
| 종로 3가 | • Jongno 3-ga
• Jongno-gu 종로[종노]
• sejongno: 지역명 |

156 ▶ 아귀, 아퀴

| 아귀 | ① 생선
② 벌어진 틈 |
| 아퀴 | 일의 매듭 |

• 아퀴를 짓다: 일이나 말을 끝
　마무리하다.

예 문짝의 (아귀)가 잘 맞지 않다.

157 감정 이입

* 이입=의탁=투영

자신의 감정을 대상 속에 이입시켜 마치 대상이 그렇게 느끼고 생각하는 것처럼 표현하는 방법으로 대개 의인법과 연결된다. 이 때 시적 화자의 정서나 사상을 나타내 주는 역할을 하는 대상물을 객관적 상관물이라고 한다.

> 초롱에 불빛, 지친 밤 하늘
> 굽이굽이 은핫물 목이 젖은 새
> 차마 아니솟는 가락 눈이 감겨서
> 제 피에 취한 새가 귀촉도 운다.
> 그대 하늘 끝 호올로 가신 님아.
>
> – 서정주, 〈귀촉도〉

→ 위 시는 '새'에 시적 자아의 감정을 이입시켜 표현하였다. ('새'는 '객관적 상관물'). 떠난 임에 대한 시적 화자의 간절한 그리움이 귀촉도에 전이되고 있다. 곧 나의 슬픔에 감응하여 귀촉도의 울음이 더욱 슬퍼지고 결국 '제 피에 취한 새'로 변한다.

* 섣달: 음력으로 한 해의 맨 끝 달
* 동짓달: 음력으로 열한 번째 달

158 섣달, 동짓달

바른 문장
동짓달은 1년 중의 열한째 달이고, 섣달은 열두째 달이다.

> **알맹이 연습문제**
> ※ 제시된 문장에서 틀린 부분은?
>
> 섣달은 1년 중의 열한째 달이고, 동짓달은 열둘째 달이다.

1. 섣달이 음력 12월 달이고, 동짓달이 음력 11월 달이다.
2. 동짓달 → 동짓달(동지+달)
3. 열둘째 → 열두째(열두 번째)
※ '섣달'의 'ㄷ'은 호전 현상으로 인해 어원인 '설'의 'ㄹ'이 'ㄷ'으로 바뀐 경우이고 '동짓달'의 'ㅅ'은 사잇소리현상으로 인한 사이시옷이다.

159 부정어와 쓰이는 단어

- 칠칠하지(치) 못하다(않다) (*반듯하고 야무지지 않다.)
- 녹록하지(지) 못하다(않다) (*만만치 않다.)
- 안절부절못하다
- 주책없다
- 어이없다/어처구니없다

160 애끊다, 애끓다

- 애: 창자(腸)의 옛말

애끊다(=단장)	슬픔. 슬퍼서 창자가 끊어질 듯함 예 애끊는 통곡
애끓다	하소연, 답답함 ('애타다'와 복수표준어) 예 애끓는 하소연

161 평형(대등) 구조

~ (앞) ~ 와/과(고, 며, 나…) ~ (뒤) ~: 앞, 뒤가 서로 평형(대등)구조를 이루어야 함
1. 첫째, 서술어의 일치
2. 둘째, 문장성분의 일치 ※ 뒤를 먼저 볼 것! – 뒤에 맞추어서 앞을 고칠 것!

알맹이 풀이

1) 빵을 먹고 우유를 마셨다.
2) • 음악 감상하고 미술 감상하며 지냈다
   • 음악과 미술을 감상하며 지냈다.
3) 다문화 가정에 대한 인식이 변화하고 관심이 높아지고 있다.
4) • 형의 취미는 야구였고 나의 취미는 축구였다.
   • 형은 야구를 좋아했고 나는 축구를 좋아했다.

알맹이 연습문제

※ 다음 문장을 바르게 고쳐 쓰시오.

1) 빵과 우유를 마셨다

_____

2) 음악 감상과 미술 감상하며 지냈다.

_____

3) 다문화 가정에 대한 인식의 변화와 관심이 높아지고 있다.

_____

4) 형은 야구를 좋아했고 나의 취미는 축구였다.

_____

162 ▶ 자동사와 타동사

에다(타동사)	살을 에는 추위 에이다(피동사−자동사): 살이 에이는 추위
(지)새다(자동사)	밤이 새다. (지)새우다(타동사): 밤을 새우다.
피다(자동사)	숯이 피다. 피우다(타동사): 숯을 피우다 * 담배를 핀(×) (→피운) 사람
베다(타동사)	턱을 베다. (베었다＝벴다) 베이다(자동사): 턱이 베이다. (베이었다＝베였다)

163 ▶ 피로 해소, 숙취 제거

어휘 풀이

• 회복: 원래의 상태를 되찾음
• 숙취: 다음날까지 깨지 않는 취기

1. 쉬는 것이 <u>피로 회복(×)</u>(→ 피로 해소, 건강 회복)의 최고다

2. 콩나물은 <u>숙취 효과(×)</u>(→ 숙취 제거 효과)가 있는 음식이다.

164 부정 표현

긍정표현에 대해 언어 내용의 의미를 부정하는 문법 기능을 이른다. 짧은 부정문은 부정 부사 '안(아니)(안)', '못'으로 용언을 꾸며 주는 구성을 취하며 뒤의 서술어와는 띄어 쓴다. 긴 부정문은 용언의 어간 뒤에 보조적 연결 어미 '−지'를 붙여 용언 '아니하다'나 '못하다'를 연결하는 구성을 취한다. '아니하다'의 어간 '아니하−'는 '않−'으로 줄여 쓸 수 있다. 이와 마찬가지로 '못하다'는 부사 '못'에 접미사 '−하다'를 붙인 파생어이므로 붙여 쓴다. 명령문과 청유문에서는 '마/마라, 말자'를 사용한다. 서술어 '체언+이다'의 부정은 보어를 취한 '아니다'를 쓴다. 즉, '~이 아니다'의 형태를 취한다.

예
- 밥을 먹다 → 밥을 안 먹다
- 그는 학생이다 → 그는 학생이 아니다
- 밥을 먹다 → 밥을 먹지 않다(아니하다)

예
- 집에 가지 마라/말아라. (명령문)
- 학교에 가지 말자. (청유문)

165 '조카'의 지칭어

1. 남 – 남

조카(男), 조카딸/질녀(女)

2. 남 – 여

생질, 생질녀

3. 여 – 여

이질, 이질녀

4. 여 – 남

조카(男), 조카딸/질녀(女)

166 ▶ 공감각적 심상과 복합감각적 심상

1. 공감각적 심상

감각의 전이(轉移), A → B, (　　　)의 (　　　)화

- 분수처럼 흩어지는 푸른 종소리 (청각의 시각화)
- 깊은 바닷소리/ 나의 피의 조류를 통하여 오도다 (청각의 시각화)
- 태양의 즐거운 울림 (시각의 청각화)
- 관이 향기로운 너는 (시각의 후각화)
- 나는 향기로운 님의 말소리에 귀먹고 (청각의 후각화)
- 매운 계절의 채찍에 갈겨 (촉각의 미각화)
- 동해 쪽빛 바람의/항시 사념의 머리 곱게 씻기우고 (촉각의 시각화)

2. 복합감각적 심상

단순한 감각의 나열, A+B+C…

- 술 익는 마을마다 타는 저녁놀 (후각+시각)
- 淸香(청향)은 잔에 지고, 落紅(낙홍)은 옷새 진다. (후각+시각)
- 들을 제는 우레러니 보니는 눈이로다. (청각+시각)

08 정답 및 해설
알맹이 노트 p. 73

08

밑줄 친 부분에 사용한 표현 방법과 가장 거리가 먼 것은? 　　　　2017 서울시 사회복지직 9급

넓은 벌 동쪽 끝으로
옛이야기 지줄대는 실개천이 회돌아 나가고,
얼룩백이 황소가
해설피 금빛 게으른 울음을 우는 곳,
— 그 곳이 참하 꿈엔들 잊힐리야.

　　　　　　　　　　　　　　　　　　　　　　　 – 정지용, 〈향수〉 중에서

① 어느 집 담장을 넘어 달겨드는 / 이것은, / 치명적인 냄새
② 멍석 위에 나란히 잠든 반들거리는 몸 위로 살짝살짝 늦가을 햇볕 발 디디는 소리
③ 나는 한 마리 어린 짐승, / 젊은 아버지의 서느런 옷자락에 / 열(熱)로 상기한 볼을 말없이 부비는 것이었다.
④ 피아노에 앉은 / 여자의 두 손에서는 / 끊임없이 / 열 마리씩 / 스무 마리씩 / 신선한 물고기가 / 튀는 빛의 꼬리를 물고 / 쏟아진다.

167 발자국, 발짝, 발걸음

발자국	시각(see)
발짝	세는 단위
발걸음	소리(청각, sound)

예 {발자국(×), 발걸음(○)} 소리를 들었다.

168 3음절 주요 한자어

01	공염불	空 빌 공	念 생각 념(염)	佛 부처 불
	입으로만 외는 헛된 염불/실천이나 내용이 따르지 않는 주장이나 말			
02	공치사	功 공 공	致 이를 치	辭 말씀 사
	남을 위하여 수고한 것을 생색내며 스스로 자랑함/남의 공을 칭찬함			
03	교두보	橋 다리 교	頭 머리 두	堡 작은 성 보
	강기슭과 해안선에 구축한 작은 진지/어떤 일을 하기 위한 발판			
04	금자탑	金 쇠 금	字 글자 자	塔 탑 탑
	공을 들여야만 세울 수 있는 탑으로 길이 후세에 남을 뛰어난 업적			
05	기린아	麒 기린 기	麟 기린 린	兒 아이 아
	지혜와 재주가 썩 뛰어난 사람			
06	노파심	老 늙을 로(노)	婆 할머니 파	心 마음 심
	필요 이상으로 남의 일을 걱정하고 염려하는 마음			
07	다반사	茶 차 다	飯 밥 반	事 일 사
	차를 마시고 밥을 먹듯 일상적으로 하는 일			

08	단말마	斷 끊을 단	末 끝 말	魔 마귀 마
	숨이 끊어질 때의 모진 고통			
09	도외시	度 법도 도	外 바깥 외	視 볼 시
	상관하지 아니하거나 무시함			
10	독안룡	獨 홀로 독	眼 눈 안	龍 용 룡(용)
	외눈을 가진 용/용기가 있는 사람 또는 사납고 용감한 장수를 이르는 말			
11	등용문	登 오를 등	龍 용 룡(용)	門 문 문
	어려운 관문을 통과하여 크게 출세함. 또는 그 관문			
12	문외한	門 문 문	外 바깥 외	漢 한나라 한
	어떤 일에 직접 관계가 없거나 전문적인 지식이 없는 사람			
13	백안시	白 흰 백	眼 눈 안	視 볼 시
	남을 업신여기거나 무시하는 태도로 흘겨 봄 ↔ 청안시(靑眼視): 남을 좋아하는 마음으로 봄			
14	백일몽	白 흰 백	日 날 일	夢 꿈 몽
	대낮에 꿈을 꾼다는 뜻으로, 실현될 수 없는 헛된 공상을 이르는 말			
15	복마전	伏 엎드릴 복	魔 마귀 마	殿 전각 전
	비밀리에 나쁜 일을 꾸미는 무리들이 모이거나 활동하는 곳, 음모가 그칠 새 없이 꾸며지는 악의 근거지			
16	분수령	分 나눌 분	水 물 수	嶺 고개 령
	어떤 사실이나 사태가 발전하는 전환점			
17	불야성	不 아니 불	夜 밤 야	城 성 성
	등불 따위가 휘황하게 켜 있어 밤에도 대낮같이 밝은 곳			
18	사이비	似 닮을 사	而 말 이을 이	非 아닐 비
	겉으로는 비슷하나 속은 완전히 다름. 또는 그런 것			
19	사행심	射 쏠 사	倖 요행 행	心 마음 심
	우연한 이익을 얻고자 요행을 바라는 마음			

20	사자후	獅 사자 사	子 아들 자	吼 울부짖을 후
	석가모니의 목소리를 사자의 우는 소리에 비유/크게 열변을 토함을 이르는 말			
21	소인배	小 작을 소	人 사람 인	輩 무리 배
	마음 씀씀이가 좁고 간사한 사람들이나 그 무리			
22	시금석	試 시험 시	金 쇠 금	石 돌 석
	가치, 능력, 역량 따위를 알아볼 수 있는 기준이 되는 기회나 사물			
23	심미안	審 살필 심	美 아름다울 미	眼 눈 안
	아름다움을 살펴 찾는 안목			
24	옥상옥	屋 집 옥	上 윗 상	屋 집 옥
	지붕 위에 지붕, 불필요하게 이중으로 하는 일			
25	언필칭	言 말씀 언	必 반드시 필	稱 일컬을 칭
	말을 할 때마다 이르기를			
26	연리지	連 잇닿을 연	理 다스릴 리	枝 가지 지
	두 나무의 가지가 서로 맞닿아서 결이 통함/화목한 부부 또는 남녀 사이를 이르는 말 ※ 비익조(比翼鳥): 암컷과 수컷이 눈과 날개가 하나씩이어서 짝을 짓지 않으면 날지 못한다는 새. 백낙천이 당나라 현종과 양귀비를 사랑을 노래하여 '하늘에 있어서는 비익조가 되고 땅에 있어서는 연리지가 되다'고 하였다.			
27	요지경	瑤 아름다울 옥 요	池 연못 지	鏡 거울 경
	확대경 속의 그림을 돌리면서 구경하는 장난감 / 알쏭달쏭하고 묘한 세상일			
28	일가견	一 한 일	家 집 가	見 볼 견
	어떤 문제에 대하여 개인이 가지는 일정한 견해			
29	일당백	一 한 일	當 마땅 당	百 일백 백
	한 사람이 백 사람을 당해낸다는 뜻으로 매우 용감함을 이르는 말			
30	자충수	自 스스로 자	充 채울 충	手 손 수
	스스로 행한 행동이 결국에 자신에게 불리한 결과를 가져옴. 바둑 용어			
31	장사진	長 길 장	蛇 긴 뱀 사	陣 진 칠 진
	많은 사람이 줄을 지어 길게 늘어선 모양			

32	철옹성	鐵 쇠 철	甕 독 옹	城 성 성
	쇠로 만든 산성이라는 뜻으로, 방비나 단결 따위가 견고한 사물이나 상태			
33	청백리	淸 맑을 청	白 흰 백	吏 벼슬아치 리
	재물에 대한 욕심이 없이 곧고 깨끗한 관리			
34	청사진	靑 푸를 청	寫 베낄 사	眞 참 진
	미래에 대한 희망적인 계획이나 구상. 미래상			
35	파락호	破 깨뜨릴 파	落 떨어질 락(낙)	戶 지게 호
	집안의 재산을 몽땅 털어먹는 난봉꾼을 이르는 말			
36	파렴치	破 깨뜨릴 파	廉 청렴할 렴	恥 부끄러울 치
	염치를 모르고 뻔뻔스러움			
37	풍운아	風 바람 풍	雲 구름 운	兒 아이 아
	좋은 때를 타고 활동하여 세상에 두각을 나타내는 사람			
38	호사가	好 좋을 호	事 일 사	家 집 가
	일을 벌이기를 좋아하는 사람/남의 일에 흥미를 가지고 말하기 좋아하는 사람			

어휘 풀이
• 우골탑(牛骨塔): 학비 마련을 위해 소를 내다 팔았다는 뜻으로 대학을 빈정대어 이르는 말

169 ▶ 의존명사 '지'

울산을 떠난 지 3년이 되었다.	시간의 경과: 의존명사(무조건 띄어쓰기해야 함)
무엇을 해야 할지 모르겠다.	(ㄹ지) – 추측(의문): 어미(붙여 쓰기)
그가 오는지 모르겠다.	(ㄴ지) – 추측(의문): 어미(붙여 쓰기)

* ㄴ지/ㄹ지/는지/던지(연결어미/종결어미): 추측에 대한 막연한 의문 (주로 서술어가 '알다, 모르다, 궁금하다)

170 눈꺼풀, 눈까풀

잠이 와서 눈커풀(×)(→ 눈꺼풀, 눈까풀)이 떨어지지 않는다.

※ 눈곱, 눈살

171 벌이다, 벌리다, 버리다, 벼리다, 벼르다

벌이다	(일, 싸움, 흥정, 좌판) 차려 놓다, 시작하다. 예 새로운 사업을 벌이다. 틈만 나면 싸움을 벌인다. 길거리에 물건을 벌여 놓다.
벌리다	(입, 팔, 다리, 자루) 확장하다 ↔ 오므리다 예 줄 간격을 벌리다. 자루를 벌리다. 입을 벌리고 자다가 벌이 들어갔다.
버리다	폐기
벼리다	연마하다 (→ 벼려서) 예 낫과 호미를 벼리다/투지를 벼리다.
벼르다	마음속으로 준비를 단단히 하다. 기회를 엿보다 (→ 별러서) 예 복수를 벼르다/결전을 벼르다. ※ 별르다(×)

172 조개껍질, 조개껍데기

조개껍질(○)/조개껍데기(○)

1. 겉이 딱딱하므로 조개껍데기가 맞으나 조개껍질도 허용함

2. 하나의 단어이므로 붙여 쓰기 해야 함

3. 단, 소라 껍데기는 주의. 소라 껍질은 되지 않음

173 ‒거리, ‒지거리, 치다꺼리

* 명사 '거리'와 결합한 단어는 합성어이고 접미사 '‒거리'와 결합한 단어는 파생어이다.

거리	(명사)내용이 될 만한 재료 예 국거리, 논문거리, 반찬거리, 골칫거리, 이야깃거리(얘깃거리), 자랑거리, 땔거리, 양념거리 ※ {골칫거리(○), 골칫꺼리(×)}, {얘깃거리(○), 얘깃꺼리(×)} 여기서 '거리'는 접미사가 아닌 명사임. 그래서 사이시옷 표기함
‒거리	• (접미사) 비하하는 의미 예 패거리, 떼거리, 짓거리, 푸닥거리 • 주기 예 달거리, 해거리, 이틀거리)
‒지거리	(접미사) 예 농지거리, 욕지거리, 기롱지거리, 반말지거리 • 농지거리[명사]: 점잖지 아니하게 함부로 하는 장난이나 농담을 낮잡아 이르는 말('‒지거리'가 접미사이므로 '농짓거리'로 사이시옷 표기 하지 않음) • 기롱지거리[명사]: 남을 속이거나 비웃으며 놀리는 짓을 낮잡아 이르는 말
치다꺼리	일을 치러 내는 일 ※ {(뒤)치다거리(×), (뒤)치다꺼리(○)}

174 의문문

1. 설명 의문문

의문사가 포함되어 일정한 설명을 요구하는 의문문

무엇을 하고 있니?	어디에 가니?	너는 이 꽃을 왜 좋아하니?

2. 판정 의문문

의문사 없이 단순히 긍정이나 부정의 대답을 요구하는 의문문

자장면 시키신 분 계세요?	이 꽃을 좋아하니?

3. 수사 의문문

굳이 대답을 요구하지 않고 서술이나 명령 등의 효과를 내는 의문문

그렇게만 된다면 얼마나 좋을까? (서술)	빨리 가지 못하겠니? (명령)

175 직접 명령문과 간접 명령문

1. 직접 명령문

얼굴을 서로 맞대고 하는 명령문. '−아라/−어라'와 결합하여 실현된다.
[예] • 지체 말고 빨리 가 보아라.
  • 엄마가 "올해는 꼭 공무원이 돼라"라고 말씀하셨다.

2. 간접 명령문

신문이나 방송과 같은 매체를 통한 명령문. '−(으)라'와 결합하여 실현한다. 불특정 다수를 대상(신문, 시험, 표어 등)으로 한 높임과 낮춤의 중화된 표현으로 쓰인다.
[예] • 정부는 수해 대책을 시급히 세우라.
  • 보기를 읽고 알맞은 답을 고르라.
  • 엄마가 올해는 꼭 공무원이 되라고 말씀하셨다.

기본형	직접 명령문	간접 명령문	기본형	직접 명령문	간접 명령문	기본형	직접 명령문	간접 명령문
먹다	먹어라	먹으라	쓰다	써라	쓰라	서다	서라	서라
풀다	풀어라	풀라	하다	해라	하라	말다	말아라/마라	말라
세우다	세워라	세우라	되다	돼라	되라	싣다	실어라	실으라
고르다	골라라	고르라	가다	가라	가라	줍다	주워라	주우라

176 기본형에 '하'가 없는 단어

1. 서슴다(○), 서슴하다(×)

2. 삼가다(○), 삼가하다(×)

3. 꺼리다(○), 꺼려하다(×)

[예] 서슴치(×)/서슴지(○), 삼가합시다(×)/삼갑시다(○), 꺼려하지(×)/꺼리지(○)

• –다시피: (연결어미) ~는 바와 같이 (※ 아시다시피)
• 우리말에 '애'라는 종결어미는 없음

1. 너도 아다시피(×) (→ 알다시피)

2. 너 자꾸 그러니까 바보 같애(×) (→ 같아)

178 2음절 주요 고유어

01	가시	음식에 생긴 구더기
02	계정	불평을 품고 떠드는 말과 행동
03	날짜(＝생짜)	일에 익숙하지 못한 사람
04	드레	사람 됨됨이로서의 점잖음과 무게 ※ 드레지다: 점잖아 무게가 있다.
05	미립	경험을 통해 얻은 묘한 이치와 요령
06	받자	남이 괴로움을 끼치거나 여러 가지 요구를 하여도 너그럽게 잘 받아 줌
07	북새	많은 사람들이 아주 야단스럽게 부산떠는 일 ※ 북새통, 짓북새
08	뻥짜	똑똑하지 못한 사람
09	사품	어떤 동작이나 일이 진행되는 바람이나 겨를
10	앙살	엄살을 부리며 버티고 겨루는 짓
11	찰짜	성질이 수더분하지 아니하고 몹시 까다로운 사람
12	피새	조급하고 날카로워 걸핏하면 화를 내는 성질
13	하릅	나이가 한 살 된 소, 말, 개 따위

뒤웅박

- 뒤웅박: 쪼개지 않고 꼭지 근처에 구멍을 뚫어 속을 파낸 바가지
- 뒤웅스럽다: 생김새나 모양이 미련스럽다.
- 끈 떨어진 뒤웅박(망석중이, 갓): 의지할 곳 없는 외로운 신세
- 여자 팔자 뒤웅박 팔자: 어떤 남자를 만나느냐에 따라 인생이 달라진다.

• 망석중(망석중이)
 – 나무로 만든 꼭두각시 인형
 – 시키면 시키는 대로 하는
  사람

180 **시의 심상(心像, image)**

1. 심상의 개념

심상이란, 언어에 의해 마음속에 재현된 사물의 감각적 영상을 가리킨다. 시를 읽을 때 머릿속에 떠오르는 장면, 움직임, 느낌, 상태 등을 말한다. 감각적 인상을 효과적으로 재현하고 추상적 관념을 구체적으로 제시하며 정서를 환기하기도 한다.

2. 심상의 표현(제시) 방법

① **묘사적 심상**: 묘사나 서술 또는 간단한 수식어(감각적인 언어)에 의해 직접적으로 드러나는 심상. 대상을 마치 그림을 그리듯이 생생하게 묘사하여 느껴지는 심상이다.
 예 바알간 숯불이 피고/외로이 늙으신 할머니가/애처로이 잦아드는 어린 목숨을 지키고 계시었다.
② **비유적 심상**: 원관념(시적대상)을 보조관념(매개물)에 빗대어서 제시하는 심상. 직유나 은유와 같은 비유를 통해 만들어지는 심상이다.
 예 구겨진 넥타이처럼 풀어진 길
③ **상징적 심상**: 어떤 사물이 다른 사물을 표상하는 상징에 의해 드러나는 심상. 상징적 시어의 사용을 통해 만들어지는 심상이다.
 예 빼앗긴 들에도 봄은 오는가?

181 ▶ 주의해야 할 복수표준어

1. 멀찍이(○) / 멀찌감치(○) / 멀찌가니(○) / 멀찌거니(×)

2. 일찍이(○) / 일찌감치(○) / 일찌가니(×) / 일찌거니(○)

182 ▶ 보다

(부사격)조사	비교 예 어제보다 오늘이 춥다.
부사	한층 더(용언을 수식) 예 보다 명확한 증거를 찾아라.
보조용언	① 동사(시행) 　예 나도 그거 한번 먹어 보자./공무원이 되었으니 공문서를 작성해 보겠습니다. ② 형용사(추측) 　예 너는 인기가 많은가 보다.

예 • 찬찬히 보다 보니 → 보다–동사(see), 보니–동사(보조용언–시행)
　• 그 어떤 서류보다 보다 또렷이 떠오른다. → 보다–조사, 보다–부사
　• 누가 볼까 봐 → 볼까–동사(see), 봐–형용사(보조용언–추측)

183 ▶ 잠의 종류

꽃잠, 꿀잠, 귀잠	깊이 든 잠 ↔ 노루잠, 선잠, 수잠(겉잠), 괭이잠
등걸잠	옷도 입은 채 아무데나 자는 잠
한뎃잠	=노숙(露宿)
사로잠	염려가 되어 자는 잠
나비잠	갓난아기가 두 팔을 머리 위로 벌리고 자는 잠

184 소설의 구성 단계

구성의 전개 원리는 갈등의 형성과 그 해결의 과정에 있다. 소설의 대표적인 구성 단계인 5단계 구성은 다음과 같다.

발단	이야기가 시작되는 부분으로, 등장인물이 소개되고 배경이 제시되며 사건의 실마리가 나타난다.
전개	사건이 본격화되는 부분으로, 이야기가 복잡하게 얽히고 갈등이 겉으로 드러난다.
위기	갈등이 고조되고 심화되는 부분으로, 사건의 극적 반전이 나타나며 새로운 사건이 발생하게 되어 다음 단계인 절정을 유발시키는 단계이다.
절정	갈등이 최고조에 이르는 부분으로, 독자의 감정적 반응도 최고점에 이르는 순간이다. 사건 해결의 분기점이 되는 단계이기도 하다.
결말	사건이 마무리되고 갈등이 해소되며 주제가 제시되고 등장인물의 운명이 분명해지는 단계이다. 파국, 대단원이라고도 부른다.

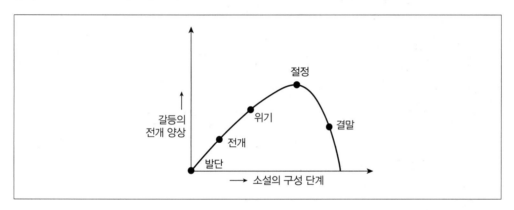

※ 소설 구성 단계의 결정 기준은 갈등의 전개 양상이다.

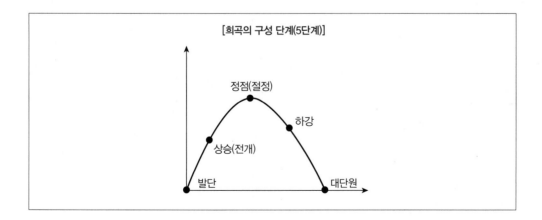

185 속담과 관련된 한자성어 ①

01	螳螂拒轍 당랑거철	하룻강아지 범 무서운 줄 모른다. "사마귀가 수레에 항거한다"라는 뜻으로 자기 힘을 생각하지 않고 강적 앞에서 분수없이 날뛰는 것을 비유한 말
02	烏飛梨落 오비이락	까마귀 날자 배 떨어진다. 아무 관계도 없는 일인데 우연히 때가 같음으로 인하여 무슨 관계가 있는 것처럼 의심을 받게 되는 것
03	咸興差使 함흥차사	강원도 포수. 일을 보러 밖에 나간 사람이 오래도록 돌아오지 않을 때 하는 말
04	走馬加鞭 주마가편	달리는 말에 채찍질 한다. 잘하고 있음에도 불구하고 더 잘되어 가도록 부추기거나 몰아침
05	走馬看山 주마간산	수박 겉핥기. 말을 타고 달리면서 산수를 본다는 뜻으로 바쁘게 대충 보며 지나감을 일컫는 말
06	矯角殺牛 교각살우	빈대 잡으려다 초가삼간 태운다. 뿔을 바로잡으려다가 소를 죽인다. 곧 조그마한 일을 하려다 큰일을 그르친다는 뜻
07	我田引水 아전인수	제 논에 물대기. 자기에게 유리하도록 생각하고 행동하는 것 ↔ 易地思之

사동접사 '-이'와 결합할 수 없는 용언

개다, 배다, 데다, 기대다, 헤매다, 되뇌다, 설레다, 목메다

- 설레였다(×), 설레었다(○)
- 설레여(×), 설레어(○)
- 설레임(×), 설렘(○)

- 날씨가 개인 하늘 → 갠
- 목메인 소리로 어머니를 찾았다. → 목멘
- 가슴 설레이며 그녀를 기다렸다. → 설레며
- 난로에 손을 데였다. → 데었다
- 담배 냄새가 옷에 배였다. → 배었다
- 그가 한 말을 되뇌였다. → 되뇌었다.

---

187 품사와 문장성분 구별

예문	품사	문장성분
새 책이 나왔다	관형사	관형어
새로운 책이 나왔다	형용사	관형어
책이 새롭게 나왔다	형용사	부사어
책이 새로이 나왔다	부사	부사어

우리말에 '-게'가 붙은 말은 절대 품사가 부사가 아니고 용언(동사, 형용사)이다.

---

188 미지칭과 부정칭

미지칭(未知稱)	특정 대상을 지시하지만 대상의 이름이나 신분을 모를 때에 묻는 인칭 대명사이며, 주로 의문문에 쓰인다. (누구, 어느) 예 저 사람은 누구입니까?/(초인종이 울리자) 누구세요?
부정칭(不定稱)	특정 인물을 가리키지 않는 인칭 대명사 (누구, 어느, 아무) 예 아무나 오십시오/누가 왔어?/누구든지 할 수 있다./ (동굴 안에 갇혀서) 거기, 누구 없어요.

09

다음 중 대명사를 잘못 분석한 것은?

2015 전북 지방직 9급

⊙ (동굴 안에 갇힌 상황에서) 거기, 누구 없어요?
ⓒ 나는 누구도 믿을 수 없어.
ⓒ (초인종이 울리자) 누구세요?
ⓔ 문 밖에 있는 사람이 누구인지 확인해야겠어.

① ⊙ 누구 – 부정칭 대명사
② ⓒ 누구 – 미지칭 대명사
③ ⓒ 누구 – 미지칭 대명사
④ ⓔ 누구 – 미지칭 대명사

189 고전소설과 현대소설의 차이점

구분	고전소설	현대소설
주제	권선징악(勸善懲惡)을 내세움	인간과 사회에 대한 다양한 탐구를 시도
결말	거의 모두가 행복한 결말(happy ending)	결말이 다양함
문체	운문체(암기와 낭독에 편리)	언문일치의 산문체
표현기교	과장과 나열, 한문 문장이 빈번히 삽입	정확하고 간결한 묘사
등장인물	시종 일관 전형적, 평면적 성격	다양한 심리 변화와 입체적 성격
구성방식	거의 시간의 순서에 의한 일대기적 구성	회상 등의 방식을 사용하는 등 다양

190 단위어

1	섬(벼) / 뭇(대포) / 채(집, 가구, 이불)	2	손(고등어, 조기, 배추) / 매(젓가락) / 켤레(신발)
10	죽(버선, 양말, 신발) / 쾌(엽전) / 뭇(생선, 미역) / 갓(굴비, 청어, 고사리)	12	타(연필)
20	축(오징어) / 쾌(북어) / 두름(굴비, 청어) / 제(탕약 20첩) / 코(낙지, 주꾸미) / 가리(장작)	24	쌈(바늘)
30	판(계란)	50	거리(오이, 가지)
100	접(마늘, 배추) / 톳(김) / 채(인삼100근) / 강다리(장작)	2000	우리(기와)

10~11 정답 및 해설
알맹이 노트 p. 73

10

다음 물품의 총 개수는?   2014 지방직 7급

㉠ 조기 두 두름	㉡ 북어 세 쾌	㉢ 마늘 두 접

① 170개   ② 200개   ③ 280개   ④ 300개

11

괄호에 들어갈 숫자의 합은?   2017 지방직 9급

- 쌈: 바늘 (   ) 개를 묶어 세는 단위
- 제(劑): 한약의 분량을 나타내는 단위. 한 제는 탕약(湯藥)(   ) 첩
- 거리: 한 거리는 오이나 가지 (   ) 개

① 80   ② 82   ③ 90   ④ 94

191 의식의 흐름 기법

정해진 구조, 사건 전개를 무시하고 주인공의 내면세계의 의식 흐름을 중심으로 기술하는 방법이다. 개인의 내면의식에 감각, 상념, 기억, 연상 등이 계속적으로 흐르는 것을 그대로 포착하여 기술하는 방법이다.

예 오상원의 〈유예〉, 이상의 〈날개〉, 박태원의 〈소설가 구보 씨의 일일〉 등

192 갱신, 경신

갱신(更新)	(기간, 계약) 그 기간을 연장하는 일 예 면허 갱신, 비자 갱신, 여권 갱신 등
경신(更新)	(기록) 고쳐 새롭게 함 예 최고치 경신, 신기록 경신

193 시아버지와 시어머니의 호칭

시아버지를 부르는 말은 '아버님'이다. 요즘에는 시아버지를 친하게 여겨 친정아버지를 부르는 것처럼 '아버지'라고 부르는 경향이 있다. 그러나 호칭의 경우 호칭으로 자리잡은 당대의 상황(전통적인 며느리의 입장)에서 바라보는 것이 적절하니 시아버지는 예를 갖추어 대해야 할 어려운 대상이므로 '아버님'으로 불러야 한다. 한편 시어머니는 대개 같은 공간에서 일하고 대화하는 시간도 더 많아 시아버지보다 친근하게 마련이므로 '어머님' 뿐만 아니라 '어머니'라고 부르는 것이 어색하지 않다.

194 희곡과 시나리오의 비교

희곡	시나리오
연극 상연을 목적으로 함	영화 상영을 목적으로 함
시간적, 공간적 제약이 많음	시간적, 공간적 제약이 적음
등장인물 수가 제한됨	등장인물 수의 제한이 없음
장면 전환의 제약이 많음	장면 전환이 자유로움
막과 장으로 이루어짐	시퀀스(sequence)와 신(scene)이 단위임
문학 작품으로서의 독자성이 강함	문학 작품으로서의 독자성이 상대적으로 약함
행동이 압축됨	행동이 다소 확산됨

195 '_' 형태가 표준어인 경우

_(○)	ㅜ (×)	_(○)	ㅜ (×)
움츠리다	움추리다	윽박지르다	욱박지르다
오므리다	오무리다	아등바등	아동바둥, 아동바동
널브러지다	널부러지다		

예외 수근거리다(×), 수군거리다(○) > 소곤거리다(○)

196 주의해야 할 표준어 표기

○	×	○	×
두더지	두더쥐	베짱이	배짱이
일고여덟(=일여덟)	일곱여덟	맷돌	멧돌
꾀죄죄하다	꽤죄죄하다	강강술래	강강수월래
곤두박이다	곤두박히다	꿰매다	꼬매다
인마	임마	뱃심, 뒷심	뱃힘, 뒷힘
어리바리	어리버리	왁자지껄	왂짜지껄
매생이	메생이	아뿔싸	아뿔사
우뭇가사리	우묵가사리	붓두껍	붓뚜껑
어물쩍	어물쩡	잡도리	단도리

어휘 풀이

- 일고여덟: 일곱이나 여덟쯤 되는 수
- 인마: '이놈아'가 줄어든 말
- 어리바리: 정신이 또렷하지 못하거나 기운이 없어 몸을 제대로 놀리지 못하고 있는 모양
- 우뭇가사리: 해조류
- 어물쩍: 분명히 하지 않고 적당히 살짝 넘기는 모양
- 잡도리: 엄하게 단속, 요란스럽게 닦달하거나 족치는 일

멋모르다, 졸리다, 얻다, 뜨뜻미지근하다

어휘 풀이

• 멋모르다
  – [동사] 까닭을 알지 못하다.
  – '무엇'의 준말,'뭣'이 아님

1. {뭣모르고(×), 멋모르고(○)} 했다.

2. ① 점심을 먹고 나니 매우 <u>졸립다.</u>(×)(→ 졸리다)
   ② <u>졸리운</u>(×)(→ 졸린) 얼굴이다.

3. 졸업사진을 {얻다(○)/어따(×)} 뒀지?

   어디에다 → 얻다(준말), '어따'는 전라도 방언임

4. 뜨뜻미지근하다(○)/뜨뜨미지근하다(×)

   형용사 – 뜨겁지도 않고 차지도 않다.

신체 부위 표준어

알맹이 TIP

'눈두덩/눈두덩이'는 복수표준어
(2014 추가 표준어)

○	×	○	×
구레나룻	구렛나루	횡격막	횡경막
뇌졸중	뇌졸증	축농증	축농중
후유증	휴유증	관자놀이	관자노리
어깻죽지	어깨쭉지		

199 끌벌없웃썰

모음 어미나 사동 · 피동 접미사가 오면 긴소리로 발음하지 않는다. (*표준발음법 제7항)

1. 알:다, 감:다, 신:다, 밟:다, 꼬:다, 안:다

감아[가마]	밟히다[발피다]	밟으면[발브면]	안기다[안기다]

2. 예외 − 모음 어미나 사동 · 피동 접미사가 오더라도 긴소리 그대로 발음

끌:다	벌:다	없:다	웃:다	썰:다

암기법 TIP

끌벌없웃썰
- 끌어[끄:러]
- 없애다[업:쌔다]
- 썰어[써:러]

- 벌리다[벌:리다]
- 웃기다[욷:끼다]

200 용언의 활용에 주의할 단어

1. 준말의 모음어미는 활용되지 않는다.

서두르다(본말) – 서둘다(준말)	서둘러(○) – 서둘어(×)
서투르다(본말) – 서툴다(준말)	서툴러(○) – 서툴어(×) 예 그는 하는 일마다 서툴었다.(×) → 서툴렀다(○)
머무르다(본말) – 머물다(준말)	머물러(○) – 머물어(×) 예 대전에 머물었다.(×) → 머물렀다(○)
가지다(본말) – 갖다(준말)	가지어(=가져)(○) – 갖어(×)
디디다(본말) – 딛다(준말)	디디어(=디뎌)(○) – 딛어(×) 예 사회에 첫발을 내딛었다.(×) → 내디뎠다(○)

예외 외우다(본말) – 외다(준말), 외우어(=외워)/외어(=왜)

2. 준말 자체가 표준어가 아님

짓무르다(본말, ○) – 짓물다(준말, ×)	예 여름에 상처가 나서 짓물었다.(×) → 짓물렀다(○)
애달프다(본말, ○) – 애닯다(준말, ×)	예 애달파(○), 애닯아(×)

* '섧다'는 마치 ㅂ 불규칙 활용
처럼 특이한 형태로 활용함

3. 본말과 준말의 관계가 아닌 복수표준어 (모두 활용 가능함)

여쭈다/여쭙다	여쭈어(=여쭤)/여쭈워
가엽다/가엾다	가여워/가엾어
서럽다/섧다	서러워/섧워, 서러운/섧운, 서러움/섧움

201 넘어, 너머

넘어(동사)	① 높은 부분의 위를 지나가다. ② 무엇에서 벗어나 지나다. 예 산을 넘어 학교에 가다.
너머(명사)	높이나 경계로 가로막은 사물의 저쪽. 또는 그 공간 예 산 너머 남촌에는 누가 살길래

202 추가 표준어에 주의해야 할 단어

1. 오늘은 바쁘니까 {① 추근거리지(○), ② 추근대지(○), ③ 치근거리지(○), ④치근대지(○)} 마라.

   (추근거리다 – 2011 추가 표준어)

2. 오래 신은 신발이 {허접하다(○), 허접스럽다(○), 허섭스럽다(×), 허섭하다(×)}

   (허접하다 – 2014 추가 표준어)

3. 사방에 {허접쓰레기(○), 허접스레기(×), 허섭쓰레기(×), 허섭스레기(○)}가 널려 있다.

   (허접쓰레기–2011 추가표준어)

203 주요 관용구 Best 10

어휘 풀이
• 꼭뒤: 뒤통수의 한가운데
• 변죽: 그릇의 가장자리

1. **귀(가) 질기다:** 둔하여 남의 말을 잘 이해하지 못하다.

2. **눈에 밟히다:** 잊히지 않고 자꾸 눈에 떠오르다.

3. **꼭뒤(를) 누르다:** 세력이나 힘이 위에서 누르다.

4. **코(가) 빠지다:** 근심에 싸여 기가 죽고 맥이 빠지다.

5. **입이 달다:** 입맛이 당기어 음식이 맛있다.

6. **입이 질다:** 속된 말씨로 거리낌 없이 말을 함부로 하다.

7. **손(이) 맑다:** 인색하여 남에게 물건을 주는 품이 후하지 못하다.

8. **아퀴(를) 짓다:** 일이나 말을 끝마무리하다.

9. **허방(을) 짚다:** 잘못 알거나 잘못 예산하여 실패하다.

10. **변죽을 울리다:** 바로 집어 말하지 않고 둘러서 말을 하다.

204 가능한 한

가능한(관형어)(×) 빨리(부사) 오세요.
→ 가능한(관형어) 한(限.명사) 빨리 오세요.
※ 최대한 빨리 오세요. (○)

205 이름의 띄어쓰기

1. 한글 맞춤법에서 이름

① 성과 이름/호는 붙여 쓰기
  예 이순신, 서화담
② 단, 호칭어와 관직명은 띄어 씀
  예 채영신 씨, 최치원 선생, 박동식 박사
③ 두 글자 성은 띄어쓰기 허용함
  예 남궁억, 남궁 억

2. 로마자 표기법은 성과 이름을 띄어 쓰고 각각 대문자로 시작함

  예 Han Boknam

206 정화수

• 정화수(井華水): 정성을 들이
거나 약 달이는 데 쓰는 물

{정안수(×), 정한수(×), 정화수(○)}를 떠놓고 빌었다.

| 207 | 임대, 임차 |

| 임대(賃貸) | 돈을 받고 자기 물건을 남에게 빌려줌
예 임대 아파트/국가에서 토지를 농가에 임대하였다. |
| 임차(賃借) | 돈을 내고 남의 물건을 빌려 씀
예 은행 돈을 빌려 사무실을 임차하였다. |

| 208 | 부딪치다, 부딪히다 |

| 부딪치다 | ① '부딪다'의 강세어
　　예 차와 차가 마주 부딪쳤다.
② 눈길이나 시선이 마주치다.
　　예 눈길을 부딪치다.
③ 다른 사람과 대립 관계에 놓이다.
　　예 사사건건 부딪치다. |
| 부딪히다 | ① 부딪음을 당하다.
　　예 자전거에 부딪혔다.
② '부딪다'의 피동사
　　예 • 내 차가 큰 차에 부딪혔다.
　　　• 이장님이 쇠뿔에 부딪히다. |

| 209 | 일체, 일절 |

| 일체(一切) | 모두, 전부
예 • 안주 일체
　• 일체의 책임을 지다.
　• 그는 재산 일체를 학교에 기부하였다. |
| 일절(一切) | 아주, 전혀
예 • 작업 중에는 면회를 일절 금합니다.
　• 출입을 일절 금하다.
　• 일절 간섭하지 마시오. |

210 피동표현의 남용 – 이중피동의 비문법적 표현

1. '~되어지다, ~지게 되다'와 같은 이중피동

예
- 바보라고 <u>생각되어진다</u>. → 생각된다
- 그녀는 성형 수술로 더욱 <u>아름다워지게 되었다</u>. → 아름다워졌다.

2. 피동접미사(이, 히, 리, 기)에 '~어지다'가 결합된 경우

여지다(이+어지다)	혀지다(히+어지다)	려지다(리+어지다)	겨지다(기+어지다)

예
- 수학 문제가 어려워 잘 <u>풀려지지</u> 않는다. → 풀리지
- 영희는 공주님이라고 <u>불려지는</u> 것을 좋아한다. → 불리는
- 이것도 분명히 쿠데타라고 <u>보여진다</u>. → 보인다.
- 내가 이런 점수밖에 나오지 않았다는 것이 <u>믿겨지지</u> 않았다. → 믿기지

3. 이중피동의 예외

① 피동접사가 아닌 어간의 일부임

여겨지다 (여기+어지다)	버려지다 (버리+어지다)	받아들여지다 (받아들이+어지다)	가려지다 (가리+어지다)

* 이중사동은 가능한 문법적 표현이지만 이중피동은 비문법적 표현이다.

② '이, 히, 기, 리'가 피동접사가 아닌 사동접사인 경우 '사동+피동'의 형태가 되어 이중피동이 아니다.

알려지다(알+리+어지다)	밝혀지다(밝+히+어지다)	숙여지다(숙+이+어지다)
옮겨지다(옮+기+어지다)	벗겨지다(벗+기+어지다)	맡겨지다(맡+기+어지다)

211 소설의 인물(人物)

소설의 인물은 작가의 상상력으로 창조되어 소설에 등장하는 사람이다. 소설의 인물은 사건과 행동의 주체이다. 소설은 인물의 생각과 행동, 인물 간의 갈등을 통해 주제가 구현된다.

역할에 따라	주동 인물	소설의 주인공으로, 사건과 행동의 주체적 인물이다.
	반동 인물	소설 속에서 주인공의 의지와 행동에 맞서 갈등하는 인물이다.
중요도에 따라	주요 인물	주인공이나 그에 버금가는 중심적 인물, 복합적이고 입체적으로 그려진다.
	주변 인물 (부차적)	주인공을 돕거나 주인공을 돋보이게 하는 인물. 주로 평면적으로 그려진다. (=보조적 인물)
특성에 따라	전형적 인물	어떤 사회 계층이나 직업, 세대를 대표하는 성격을 지닌 인물. '유형적(類型的) 인물'이라고도 한다.
	개성적 인물	자기만의 뚜렷한 개성을 지닌 인물
성격의 변화 양상에 따라	평면적 인물	작품 속에서 처음부터 끝까지 성격적 변화를 보이지 않는 인물. '정적(靜的) 인물'이라고도 한다.
	입체적 인물	환경이나 상황의 변화에 따라 성격이 변화하는 인물. '동적(動的) 인물'이라고도 한다.

212 소설의 시점 – 서술자의 위치와 각도

구분	인물·사건의 내면적 분석	인물·사건의 외면적 관찰
소설 속에 위치 ('나') 1인칭	1인칭 주인공 시점	1인칭 관찰자 시점
소설 밖에 위치 (작가) 3인칭	전지적 작가 시점	3인칭(작가) 관찰자 시점

1. 1인칭 주인공 시점

주인공 '나'가 자신의 이야기를 하는 시점
① 독자에게 신뢰감과 친근감을 준다.
② 주인공의 내면세계를 그리는 데 효과적이다.
③ 독자는 주인공이 본 것, 느낀 것만을 알게 된다.
④ 일기체, 수필체, 기행문체, 서간문체
예 김유정의 〈봄봄〉, 〈동백꽃〉, 최서해의 〈탈출기〉, 이문구의 〈관촌수필〉, 알퐁스 도데의 〈별〉, 김승옥의 〈무진기행〉, 이상의 〈날개〉, 오상원의 〈유예〉 등

2. 1인칭 관찰자 시점

'나'가 관찰자의 입장에서 주인공에 대해 이야기하는 시점
① 인물의 초점은 '나'가 아니라 주인공에게 있다.
② 주인공의 내면을 숨김으로써 긴장과 경이로움을 자아낸다.
③ '나'의 눈에 비친 외부 세계만을 다룰 수밖에 없다. (한계성)
④ 모든 판단은 독자에게 맡긴다. (중립적 태도)
예 주요섭의 〈사랑손님과 어머니〉, 김동리의 〈화랑의 후예〉, 채만식의 〈치숙〉, 윤흥길의 〈장마〉,
박완서의 〈그 여자네 집〉, 현진건의 〈고향〉 등

3. 전지적 작가 시점

서술자가 인물의 심리나 행동을 분석하여 서술하는 시점(전지전능한 신(神)과 같은 위치)
① 서술자가 작품 속에 직접 개입하여 사건을 진행시키고 인물을 논평한다. (편집자적 논평)
② 작가가 자신의 사상과 인생관을 직접 드러낼 수 있다.
③ 독자의 상상적 참여를 제한할 가능성이 있다.
예 대다수의 고전소설, 장편소설, 이광수의 〈무정〉, 염상섭의 〈삼대〉, 채만식의 〈태평천하〉,
박경리의 〈토지〉, 이효석의 〈메밀꽃 필 무렵〉 등

4. 3인칭(작가) 관찰자 시점

작가가 외부 관찰자(제3자)의 입장에서 객관적으로 서술하는 시점
① 매우 극적이고 객관적인 특성을 지닌다. (현대 사실주의 문학에 많이 쓰임)
② 서술자의 태도가 객관적이므로 독자의 상상력이 개입할 부분이 많다.
예 황순원의 〈소나기〉, 김동인의 〈감자〉, 염상섭의 〈두 파산〉 등

---

213 ▶ 평면적 구성과 입체적 구성

평면적 구성	사건이 시간의 흐름에 따라 전개되는 구성으로, 순행적 구성, 추보식 구성이라고도 한다.
입체적 구성	사건이 시간의 흐름에 따라 전개되지 않고, 작가의 의도에 따라 뒤바꾸어 구성하는 방법이다. 시간의 역전(현재 → 과거 → 미래, 과거 → 미래 → 현재 등)이 일어나는 구성으로, 역행적 구성, 역전적 구성이라고도 한다. 예 전광용의 〈꺼삐딴 리〉

214 ▶ 찌푸리다, 연거푸

1. 잔뜩 찌뿌린(×) (→ 찌푸린) 날씨
2. 연거퍼(×) (→ 연거푸) 술을 석 잔 마셨다.

215 ▶ 한글 맞춤법 제19항, 20항

'이, ㅁ/음' 이외의 모음 접미사는 소리 나는 대로 표기

예
무덤(묻+엄)	마개(막+애)	마감(막+암)
늘그막(늙+으막)	쓰레기(쓸+에기)	꼬락서니(꼴+악서니)

예외 값어치, 벼슬아치, 반빗아치

어휘 풀이
• 반빗아치: 반찬 만드는 여자 하인

12 정답 및 해설
알맹이 노트 p. 73

12
다음 한글 맞춤법 규정의 예로 옳지 않은 것은?   2018 지방직 9급

(가) 제19항 어간에 '-이'나 '-음/ㅁ'이 붙어서 명사로 된 것과 '-이'나 '-히'가 붙어서 부사로 된 것은 그 어간의 원형을 밝히어 적는다.
(나) 제19항 [붙임] 어간에 '-이'나 '-음' 이외의 모음으로 시작된 접미사가 붙어서 다른 품사로 바뀐 것은 그 어간의 원형을 밝히어 적지 아니한다.
(다) 제20항 명사 뒤에 '-이'가 붙어서 된 말은 그 명사의 원형을 밝히어 적는다.
(라) 제20항 [붙임] '-이' 이외의 모음으로 시작된 접미사가 붙어서 된 말은 그 명사의 원형을 밝히어 적지 아니한다.

① (가): 미닫이, 졸음, 익히
② (나): 마개, 마감, 지붕
③ (다): 육손이, 집집이, 곰배팔이
④ (라): 끄트머리, 바가지, 이파리

216 한자성어 – 친구의 사귐

01	知音 지음	백아(伯牙)와 종자기(鍾子期) 사이의 고사로부터 (거문고) 소리를 알아듣는다는 뜻 (=知己之友)
02	水魚之交 수어지교	고기와 물과의 관계처럼 떨어질 수 없는 특별한 친분
03	莫逆之友 막역지우	서로 거역하지 아니하는 친구
04	金蘭之契 금란지계	금이나 난초와 같이 귀하고 향기로움을 풍기는 친구의 사귐
05	管鮑之交 관포지교	관중과 포숙의 사귐과 같은 친구 사이의 허물없는 교재
06	竹馬故友 죽마고우	어릴 때, 대나무 말을 타고 놀며 같이 자란 친구
07	刎頸之交 문경지교	대신 목을 내주어도 좋을 정도로 친한 친구의 사귐
08	芝蘭之交 지란지교	지초(芝草)와 난초(蘭草)의 교제. 벗 사이의 맑고도 고귀한 사귐
09	肝膽相照 간담상조	간과 쓸개를 꺼내놓고 서로 보인다는 뜻으로서 서로가 상대를 가슴속까지 이해할 수 있는 절친한 친구를 의미함
10	呼兄呼弟 호형호제	서로 형, 아우라 부를 정도로 가까운 친구 사이
11	膠漆之交 교칠지교	아교와 옻처럼 떨어질 수 없는 가까운 사이
12	斷金之交 단금지교	쇠라도 자를 수 있는 굳고 단단한 사귐

13	金石之交 금석지교	쇠와 돌처럼 변함없는 굳은 사귐

알맹이 필기

↔ 市道之交(시도지교): 시장과 길거리에서 이루어지는 교제라는 뜻으로 단지 이익만을 위한 교제를 이르는 말

217 한자성어 – 무척 위태로운 일의 형세

01	風前燈火 풍전등화	바람 앞에 놓인 등불. 사물이 매우 위태로운 처지에 놓여 있음을 비유하는 말
02	焦眉之急 초미지급	눈썹이 타면 끄지 않을 수 없다는 뜻으로, 매우 다급한 일을 일컬음
03	危機一髮 위기일발	위급함이 매우 절박한 순간(거의 여유가 없는 위급한 순간)
04	累卵之勢 누란지세	새알을 쌓아놓은 듯 위태로운 형세(=累卵之危)
05	百尺竿頭 백척간두	백 척 높이의 장대 위에 올라섰다는 뜻. 몹시 위태롭고 어려운 지경에 빠짐
06	如履薄氷 여리박빙	얇은 얼음을 밟는 것 같다는 뜻으로, 몹시 위험하여 조심함을 이르는 말
07	四面楚歌 사면초가	사방에서 적군 초나라 노랫소리가 들려옴. 사면이 모두 적에게 포위되어 고립된 상태
08	一觸卽發 일촉즉발	조금만 닿아도 곧 폭발할 것 같은 모양. 막 일이 일어날 듯 위험한 지경
09	砂上樓閣 사상누각	모래 위에 지은 누각. 어떤 일이나 사물의 기초가 튼튼하지 못하여 위태로움

10	内憂外患 내우외환	나라 안의 걱정과 나라 밖의 환란
11	青天霹靂 청천벽력	맑게 갠 하늘에서 치는 벼락, 곧 뜻밖에 생긴 변을 일컫는 말
12	命在頃刻 명재경각	목숨이 경각에 달렸다, 목숨이 끊어질 매우 다급한 지경

218 'ㅐ'표기 시 주의해야 할 단어

내로라하는	내비게이션	요컨대	예컨대
육개장	스낵	액세서리	액셀러레이터

219 '정의'의 공식

인간은(종개념) 생각하는(종차) 동물이다.(유개념)
피정의항   정의항

1. 인간은 동물이다.(×) – 종차가 없음

2. 인간은 생각하는 생물이다.(×) – 바로 상위의 것(최근류) 아님

3. 인간은 육식을 하는 동물이다.(×) – 본질적 속성이 아님

4. 인간은 식물이 아닌 동물이다.(×) – 부정적 표현

5. 인간은 돛단배 같은 동물이다.(×) – 비유적 표현

6. 인간은 가치를 창조하는 인간이다.(×) – 반복적 표현

13

다음 글에서 설명한 '정의'에 가장 적절한 것은?   2016 지방직 7급

13 정답 및 해설
알맹이 노트 p. 73

> 글에서 다루게 되는 대상을 명확하게 규정해 주는 방법을 정의라고 한다. 이때 정의하고자 하는 대상을 피정의항이라고 하고, 그 나머지 진술 부분을 정의항이라고 한다.
> 정의를 할 경우에는 다음 사항에 유의해야 한다. 첫째, 개념을 명확하게 드러낼 수 있도록 풀이해야 한다. 둘째, 정의하고자 하는 대상이나 개념이 정의항에서 되풀이되어서는 안 된다. 셋째, 정의항이 부정적인 진술로 나타나서는 안 된다. 넷째, 대상에 대한 묘사나 해석은 정의가 아니다.

① 책이란 지식만을 보존해 두는 것이 아니다.
② 입헌 정치란 헌법에 의하여 행해지는 정치이다.
③ 딸기는 빨갛고 씨가 박혀 있는 달콤한 과일이다.
④ 문학은 언어로 인간의 사상과 감정을 표현한 예술이다.

---

220 언어의 의미 변화 – 확대, 축소, 이동

1. 의미의 확대

단어의 의미 범위가 넓어진 의미 변화

예
- 지갑: 종이로 만든 것 → 가죽이나 비닐, 옷감 등으로 만든 것
- 세수: 손을 씻다. → 손과 얼굴을 씻다.
- 다리: 사람, 짐승의 다리 → 물건을 지탱하는 하체 부분
- 영감: 당상관(堂上官) 이상 신분을 호칭 → 남성 노인
- 방석: 사각방석 → 여러 모양의 방석
- 장인(匠人): 기술자 → 예술가
- 겨레: 종친 → 동포, 민족
- 양반: 문반과 무반 → 점잖은 사람

2. 의미의 축소

단어의 의미 범위가 좁아진 의미 변화

예 • 계집: 여성을 가리키는 평어 → 여성의 낮춤말
  • 놈: 일반 사람 → 남자나 사람을 낮잡아 부르는 말
  • 얼굴: 형체 → 안면부
  • 미인: 남녀 모두에 쓰임 → 여성에게만 적용됨
  • 중생: 생물 일체 → 동물 → 인간

3. 의미의 이동(전성, 전의)

단어의 의미 범위가 달라진 의미 변화

예 • 어리다: 어리석다 → 나이가 적다.
  • 어엿브다(어여쁘다): 불쌍하다 → 예쁘다
  • 방송(放送): 석방 → 음성이나 영상을 전파로 내보내는 일
  • 주책: 일정한 생각 → 줏대 없이 되는 대로 행동
  • 씩씩하다: 엄하다 → 용감하다
  • 인정(人情): 뇌물 → 사람 사이의 정
  • 내외(內外): 안과 밖 → 부부
  • 수작(酬酌): 술잔을 건네다 → 말을 주고받음. 농담을 건넴

221 ▶ 부치다, 붙이다

(~에) 부치다	힘, 회의, 비밀, 인쇄
(~을/를) 붙이다	우표, 조건, 불, 싸움(흥정), 이름, 사람, 흥미(재미), 습관 * 주로 '붙다'의 의미가 작용하는 경우
(~을/를) 부치다	논밭, 숙식, 부침개, 편지(소포)

예 시골에서 논밭을 부치며 숙식을 부치며 부침개를 부치며 편지를 부치다.

※ 소매를 걷어붙이다, 일을 밀어붙이다.

222 'ㅎ'의 발음 (표준발음법 제12항)

1. 'ㅎ' 뒤에 'ㄱ, ㄷ, ㅈ'이 오거나 'ㄱ, ㄷ, ㅂ, ㅈ' 뒤에 'ㅎ'이 오면 두 음운이 축약되어 각각 'ㅋ, ㅌ, ㅍ, ㅊ'으로 발음된다.(자음축약 – 거센소리되기)

> 예 놓고[노코], 좋던[조턴], 쌓지[싸치], 많고[만:코], 국화[구콰], 낮 한때[나탄때]

2. 'ㅎ' 뒤에 'ㅅ'이 오면 두 음운을 합하여 [ㅆ]으로 발음한다.

> 예 닿소[다쏘], 싫소[실쏘], 끊사오니[끈싸오니]
> └ [다:쏘]

3. 'ㅎ' 뒤에 'ㄴ'이 결합되는 경우에는 [ㄴ]으로 발음하고, 'ㄶ, ㅀ' 뒤에 'ㄴ'이 결합되는 경우에는 'ㅎ'을 발음하지 않는다.

> 예 놓는[논는], 않네[안네], 뚫는[뚤는 → 뚤른]

4. 'ㅎ' 뒤에 모음이 오면 'ㅎ'을 발음하지 않는다. (발음상 ㅎ 탈락)

> 예 낳은[나은], 놓아[노아], 싫어도[시러도]
> ※ 받침 ㅎ은 연음되지 않는다.

223 한자어 관용어구 주의해야 할 표기

맞는 표기	틀린 표기	의미
대증요법 (對症療法)	대중요법	병의 원인을 찾아 없애기 곤란한 상황에서, 겉으로 나타난 병의 증상에 대응하여 처치를 하는 치료법
동고동락 (同苦同樂)	동거동락	괴로움과 즐거움을 함께함
성대모사 (聲帶模寫)	성대묘사	자신의 목소리로 다른 사람의 목소리나 새, 짐승 따위의 소리를 흉내 내는 일
사주단자 (四柱單子)	사주단지	혼인이 정해진 뒤 신랑 집에서 신부 집으로 신랑의 사주를 적어서 보내는 종이
야반도주 (夜半逃走)	야밤도주	남의 눈을 피하여 한밤중에 도망함
아연실색 (啞然失色)	아연질색	뜻밖의 일에 얼굴빛이 변할 정도로 놀람
양수겸장 (兩手兼將)	양수겹장	① 장기에서 두 개의 말이 한꺼번에 장을 부름 ② 양쪽에서 동시에 하나를 노림을 비유적으로 이르는 말
삼우제 (三虞祭)	삼오제	장사를 지낸 후 세 번째 지내는 제사
운용(運用)의 묘	운영의 묘	적당히 부리어 쓰는 묘미
절체절명 (絶體絶命)	절대절명	몸도 목숨도 다 되었다는 뜻으로, 어찌할 수 없는 절박한 경우를 비유하는 말
풍비박산 (風飛雹散)	풍지박산	사방으로 날아 흩어져 산산조각이 남
혈혈단신 (子子單身)	홀홀단신	의지할 곳이 없는 외로운 홀몸

224 용언의 명사형과 파생명사

파생명사는 명사화 접미사(ㅁ/음, 기, 이)가 붙어 품사가 명사로 바뀐 경우이다. 용언의 명사형은 용언에 명사형 전성어미(ㅁ/음, 기)가 붙어 형성되고, 서술어의 성격이 유지되며 품사 또한 그대로 유지된다.

예 얼음(파생명사)이 얾(동사의 명사형)

예 그리고 싶은 그림을 마음대로 그리기가 쉽지 않다.

예 좋은 꿈을 잘 꿈

예 맛있는 쌈을 크게 쌈

예 빠른 걸음으로 빨리 걸음

14 정답 및 해설
알맹이 노트 p. 73

14

다음 중 〈보기 1〉을 바탕으로 〈보기 2〉에 대해 탐구한 것 중에서 올바른 것은? 2018 법원직 9급

〈보기 1〉

'-ㅁ/-음'에 대하여

- 명사형 어미: 동사의 어간 뒤에 붙어서 동사를 명사형이 되게 하는 역할을 한다. 동사의 명사형은 서술성이 있어 주어를 서술하며 품사가 변하지 않는다. 앞에 부사적 표현이 쓰일 수 있다.
- 명사화 접미사: 동사의 어간 뒤에 붙어서 동사를 명사로 파생시킨다. 파생된 명사는 서술성이 없으므로 앞에 부사적 표현이 쓰일 수 없고, 관형어가 올 수 있다.

〈보기 2〉
ㄱ 그의 선조들은 불우한 삶을 살았다.
ㄴ 겨울이어서 노면에 얼음이 자주 얼었다.
ㄷ 영희는 깊은 잠¹을 잠²으로써 피로를 풀었다.
ㄹ 진행자가 크게 웃음으로써 분위기를 바꾸었다.

① ㄱ의 '삶'의 '-ㅁ'은 명사형 어미이다.
② ㄴ의 '얼음'은 '얼다'라는 동사에서 파생된 명사이다.
③ ㄷ의 '잠¹'의 '-ㅁ'은 명사형 어미이고, '잠²'의 '-ㅁ'은 명사화 접미사이다.
④ ㄹ의 '웃음'은 '크게'의 수식을 받으므로 '웃음'의 '-음'은 명사화 접미사이다.

225 한자성어 – 효도

01	昏定晨省 혼정신성	저녁에는 부모님의 잠자리를 정하고 아침에는 부모님께서 안녕히 주무셨는지를 살핌 (＝朝夕定省)
02	斑衣之戲 반의지희	부모를 위로하려고 색동저고리를 입고 기어가 보임
03	反哺報恩 반포보은	자식이 부모가 길러 준 은혜를 갚음(＝反哺之孝)
04	出告反面 출곡(고)반면	나갈 때는 부모님께 반드시 출처를 알리고 돌아오면 반드시 얼굴을 뵈어 안전함을 알려 드린다. (＝出必告反必面)
05	孟宗冬筍 맹종동순	맹종이 겨울에 죽순을 찾아 어머니를 봉양함
06	伯俞泣杖 백유읍장	한백유라는 효자가 매를 맞을 때 어머니의 매가 힘이 없어, 어머니의 노쇠함을 한탄하여 울었다는 고사에서 유래함
07	遜順埋兒 손순매아	아이를 땅에 묻어서라도 효를 다하려 했던 손순에게 하늘이 석종(石鐘)을 내리고 왕도 치하했다는 고사에서 유래함

226 ▷ 자음과 모음의 체계

소리 내는 방법 / 소리 나는 위치			입술소리 (양순음)	잇몸소리 (치조음)	센입천장소리 (경구개음)	여린입천장소리 (연구개음)	목청소리 (후음, 성음)
안울림 소리	파열음	예사소리	ㅂ	ㄷ		ㄱ	
		된소리	ㅃ	ㄸ		ㄲ	
		거센소리	ㅍ	ㅌ		ㅋ	
	파찰음	예사소리			ㅈ		
		된소리			ㅉ		
		거센소리			ㅊ		
	마찰	예사소리		ㅅ			ㅎ
		된소리		ㅆ			
울림 소리	비음		ㅁ	ㄴ		ㅇ	
	유음			ㄹ			

혀의 높이 / 혀의 위치	전설모음		후설모음	
	평순모음	원순모음	평순모음	원순모음
고모음	ㅣ	ㅟ	ㅡ	ㅜ
중모음	ㅔ	ㅚ	ㅓ	ㅗ
저모음	ㅐ		ㅏ	

* 소리 나는 위치
　→ 조음 위치
* 소리 내는 방법
　→ 조음 방법

* 예사소리 = 평음
　된소리 = 경음
　거센소리 = 격음, 유기음
　울림소리 = 유성음
　안울림소리 = 무성음

15
다음 조건을 모두 충족하는 음운이 나타난 단어는?　　2018 소방직

- 여린입천장에서 나는 소리이다.
- 공기를 막았다가 터트리면서 내는 소리이다.
- 예사소리이다.

① 국밥　　　② 낭만　　　③ 사탕　　　④ 해장

16
다음 조건이 포함되어 있는 단어는?　　2017 하반기 통합 소방직

혀의 최고점이 앞쪽이며, 입술을 동글게 오므리며 발음하는 단모음

① 장수풍뎅이　　　② 귀족　　　③ 돼지　　　④ 과학

15~16 정답 및 해설
알맹이 노트 p. 73

227 언어와 사고

구분	언어 (말)	사고 (생각)	관련 이론
①	○	×	언어 우위론(사피어, 워프)
②	×	○	사고 우위론 (피아제, 스타인버그)
③	○	○	상호작용론(비고츠키)

언어 우위론	언어가 없이는 사고가 불가능하다. (언어)사고
사고 우위론	언어가 없어도 사고가 가능하다. (언어〈사고
상호작용론	언어와 사고는 깊은 관계를 맺으며 상호 영향을 끼친다.

- 좋아하는데 말을 못해 ②
- 오페라 따라 부르기 ①
- 이 소설은 정말 감동적이야. 내가 받은 감동은 말로는 설명이 안 돼. ②
- 좋은 말을 하면 생각도 좋아지고 나쁜 말을 하면 생각도 안 좋아진다. ③
- 아침에 욕을 들으니 기분이 정말 안 좋아 ③

- 유비추론: 두 대상 사이의 유사성을 바탕으로 가정적으로 추정하는 방식이다. 잠정적인 결론을 내리는 것으로 '～이듯이, ～마찬가지로, ～처럼'과 같은 표현이 사용된다. 유비추론은 넓은 의미의 귀납추론에 포함된다.

228 연역추론, 귀납추론, 변증법적 추론

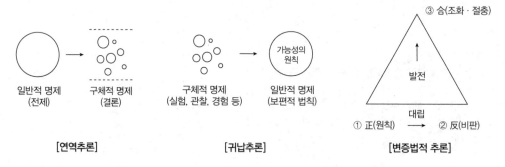

[연역추론] [귀납추론] [변증법적 추론]

※ 삼단논법(대전제 → 소전제 → 결론)은 연역추론의 대표적 방식이다.

229 사전에 등재된 하나의 단어 – 반드시 붙여 써야 한다.

언중들이 관습적으로 오래 사용하다 보면 하나의 단어로 굳어져서 의미가 통합되어 사전에 등재되는 단어들이 있다. 모든 단어를 사전에서 다 볼 수 없기 때문에 시험에 나올 만한 다음 단어들을 알아두어야 한다. 띄어쓰기 문제에서 가장 어려운 문제는 이 부분이다.

1.

큰코다치다, 큰소리치다, 큰일, 얽히고설키다, 두발자전거, 따라잡다, 창밖, 알은척, 남의집살이, 예상외, 바른길, 또다시, 남의눈, 가는귀먹다, 한눈팔다, 못지않다, 적잖다, 오래되다, 예쁘디예쁘다, 이러나저러나, 부실기업(※우량∨기업), 고등학교, 하루걸러, 하루아침, 하루빨리, 하루속히, 하루하루, 바른대로, 되는대로, 이런대로, 그런대로, 곧이곧대로, 이만큼, 그만큼, 저만큼, 웬만큼, 우리나라, 우리말, 우리글, 지난봄/지난여름/지난가을/지난겨울/지난주/지난날/지난달/지난해(※지난∨계절), 어느새, 제아무리, 살아생전, 살아생이별, 여봐란듯이, 뜬구름, 우는소리, 허튼소리, 동쪽, 반대쪽, 아래쪽, 이곳, 저곳, 그곳, 이때, 그때, 입때, 접때, 아침때, 점심때, 이번, 저번, 이이, 그이, 저이, 늙은이, 못난이, 그사이, 요사이, 그동안, 여러분, 아무것, 날것, 이것(이거), 저것(저거), 그것(그거), 이것저것, 이편, 저편, 그편, 건너편, 맞은편, 오른편, 그것참(감탄사), 더한층, 더더욱

2.

고마워하다, 반가워하다, 놀라워하다, 좋아하다, 기뻐하다, 슬퍼하다, 싫어하다, 두려워하다

→ '보조용언 (~아/어)하다'의 형태로 하나의 단어로 굳어진 것

3.

물속, 바닷속, 산속, 땅속, 머릿속, 마음속, 뱃속

4.

온종일, 온몸, 새색시, 새싹, 새해, 첫사랑, 옛사랑, 한줄기, 한마디, 한걸음, 한가지, 한군데, 여러분, 헌책, 헌솜, 외딴곳, 외딴섬

→ 관형사＋명사로 하나의 단어로 합성어가 됨

5.

주고받다, 놀아나다, 걸어가다, 걸어오다, 넘어가다, 덤벼들다, 찾아보다, 알아보다, 돌아보다, 도와주다, 물어보다, 돌려놓다, 알아주다, 잃어버리다

→ 본용언＋보조용언 아닌 하나의 동사

6.

> 온데간데없다, 올데갈데없다, 쓸데없다, 보잘것없다, 하잘것없다, 밥맛없다, 물샐틈없다, 어처구니없다, 채신머리없다, 엉터리없다, 터무니없다, 틀림없다, 너나없다, 속절없다, 빈틈없다, 상관없다, 허물없다(※ 정처∨없다)

→'없다'가 붙어 하나의 단어

7.

> 실낱같다, 악착같다, 억척같다, 금쪽같다, 감쪽같다, 한결같다, 쏜살같다, 성화같다

→ '같다'가 붙어 하나의 단어

8.

> 안절부절못하다, 한잔하다, 오락가락하다, 본체만체하다, 그럴듯하다, 그럴싸하다, 도외시하다, 마지못하다, 재조정하다, 등한시하다

→ '하다'가 붙어 하나의 단어

9.

> 은연중, 한밤중, 부재중, 무의식중

→ 의존명사 '중'이 하나의 단어로 굳어진 것

10.

> 동기간, 형제간, 부자간, 고부간, 부부간, 피차간, 조만간, 좌우간, 다소간, 얼마간, 모녀간, 숙질간

→ 의존명사 '간'이 하나의 단어로 굳어진 것

11.

> 비상시, 유사시, 평상시, 필요시

→ 의존명사 '시'가 하나의 단어로 굳어진 것

12.

> 모셔다드리다, 데려다주다, 빌려주다, 몰라뵈다, 신나다 2014 NEW

13.

> 도긴개긴, 들통나다, 전방위, 끝부분, 앞축, 묵은지, 앞서가다, 와닿다 2015, 2016 NEW
> 분리배출, 여쭈어보다 2017 NEW

230 시나리오 특수 용어

D.E (double exposure)	이중 노출	insert	삽입 화면. 장면을 집중 확대하거나 장면과 장면을 잇기 위해 넣는 장면
C.U (close up)	어떤 인물이나 장면을 크게 확대하여 찍는 것	W.O (Wipe out)	한 화면의 일부가 닦아내는 듯이 없어지면서 다른 화면이 나타나는 수법
E. (effect)	효과음	F.I (fade in)	어두운 화면이 점점 밝아지는 것
F.O (fade out)	밝은 화면이 점점 어두워지는 것	M. (music)	효과 음악
NAR. (narration)	해설	O.L (over lap)	두 가지의 화면이 겹치는 것
PAN (panning)	카메라를 상하 좌우로 이동하는 것	S# (scene number)	장면번호

231 추론의 오류 유형 Best 7

1. 성급한 일반화의 오류

제한된 정보, 불충분한 자료, 부적합한 증거, 대표성을 결여한 사례 등 특수한 경우를 근거로 하여 이를 성급하게 일반화하는 오류
예 그는 벌써 두 번이나 회의에 지각했다. 그러므로 그와는 약속을 해서는 안 된다.

2. 흑백 논리의 오류

어떤 집합의 원소가 단 두 개밖에 없다고 여겨 이것 아니면 저것이라고 단정지어 생각함으로써 발생하는 오류. 즉 중간항이 허용됨에도 불구하고 서로 모순된 주장으로 생각함으로써 발생하는 오류
예 신의 존재를 믿지 않는다고요? 그럼 당신은 무신론자로군요.

3. 복합 질문의 오류

두 가지 이상의 질문이 하나의 대답을 요구할 때 발생하는 오류. 어떻게 대답하든, 대답하는 사람이 수긍할 수 없거나 수긍하고 싶지 않은 점을 수긍하는 결과를 가져오는 질문 때문에 발생하는 오류

예 이제 담배를 끊을 거지?
→ 예. (그럼 어제까지 담배를 피웠다는 말인가?)
→ 아니요. (그럼 계속 담배를 피우겠다는 말인가?)

4. 분할(분해), 합성(결합)의 오류

전체 또는 집합이 어떤 성질을 가지고 있기 때문에 그 부분이나 원소들도 그와 같은 성질을 가지고 있다고 추론하는 오류(분할의 오류)와, 그와는 반대로 부분이나 원소의 성질을 전체의 속성으로 보는 오류(합성의 오류)

예 일본은 경제적으로 부국이 되었다. 그러므로 일본사람들은 모두 부자이다. (분할의 오류)

5. 감정에 호소하는 오류

동정(연민), 공포, 증오, 성적 쾌락, 유머, 아첨, 사적 관계 등의 감정에 호소하여 자신의 주장을 정당화시키거나 논지를 받아들이게 하는 오류

예 교수님, 교수님의 과목에서 낙제점을 주시면 저는 이번에 졸업을 못하게 됩니다. 병상에 누워 계시는 아버님 대신에 제가 가족들을 부양해야 할 형편입니다. (연민(동정)에의 호소)

6. 대중(여론)에 호소하는 오류

어떤 주장에 대한 타당한 근거를 제시하지 않고, 대중의 감정, 군중심리, 열광 등에 호소하거나 여러 사람이 동의한다는 점을 내세워 자신의 주장에 대해 동의를 얻어 내고자 하는 오류

예 ○○화장품은 세계의 여성이 애용하고 있습니다. 아름다운 여자의 필수품. ○○화장품을 소개합니다.

7. 부적합한 권위에 호소하는 오류

논지와는 직접적인 관련이 없는 권위자의 견해를 근거로 들거나 논리적인 타당성과는 무관하게 권위자의 견해임을 내세워 자신의 주장을 받아들이도록 하는 오류

예 이 화장품이 얼마나 좋은 화장품인 줄 아니? 그 유명한 이영애란 여자 배우도 이 화장품만 쓴다는 말 들어 봤어?

232 ▶ 분류와 구분, 분류와 분석

1. 분류와 구분

① 분류: 하위개념 → 상위개념
② 구분: 상위개념 → 하위개념

※ 최근에는 분류와 구분을 '분류'로 통합해서 봄

2. 분류와 분석

분류는 일정한 기준에 따라 나누는 방식이고 분석은 전체를 이루고 있는 구성요소로 분해하여 설명하는 방식이다. 분석은 부분들이 모여 전체를 이루고 부분들 중 어느 하나가 없으면 전체를 이룰 수가 없다.

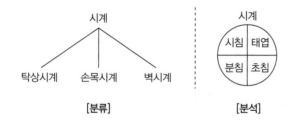

233 ▶ 날다, 나르다

날다(fly, 비행하다)	나는(ㄹ 탈락), 날아
나르다(move, 운반하다)	날라('르' 불규칙), 나르는

예 비행기가 {날아가다(○), 날라가다(×)}

234 -장이, -쟁이

'직업을 가진 기술자'의 의미이면 '-장이'를 쓰고, 그렇지 않으면 '-쟁이'를 쓴다. 단, 직업이긴 하나 얕잡아 일컫는 말이거나 기술자라고 보기 힘든 경우에는 '-쟁이'를 쓴다.

예 • 미장이, 옹기장이, 칠장이, 유기장이, 목수장이, 대장장이, 도배장이, 간판장이, 땜장이
　　• 개구쟁이, 욕심쟁이, 멋쟁이, 심술쟁이, 겁쟁이, 떼쟁이
　　• 관상쟁이, 소리쟁이, 요술쟁이, 환쟁이, 침쟁이, 점쟁이

235 사동의 의미를 지닌 동사

한자어 자체에 이미 사동의 의미를 지니고 있다. '-하다'를 쓸 수 있는 말에 '-시키다'를 결합하면 과도한 사동표현이 된다.

예

소개하다	야기하다	고정하다	설치하다	금지하다	가동하다	입금하다
설치하다	주차하다	해소하다	설득하다	유발하다	연결하다	등록하다

1) 소개해
2) 야기한
3) 고정해
4) 금지하기로
5) 경감하는
6) 입금한다
7) 등록하다

알맹이 예제

1) 내가 친구 한 명을 소개시켜 줄게.
2) 그의 거짓말이 이 사건을 야기시킨 원인이다.
3) 벽에 가구를 고정시켜 놓았다.
4) 잡상인의 출입을 금지시키기로 했다.
5) 각자의 지출을 경감시키는 방법을 찾아라.
6) 하루 매출액을 은행에 입금시킨다.
7) 학원에 등록시키다.

※ 입원시키다, 진정시키다, 화해시키다, 이해시키다, 오염시키다, 항복시키다, 집합시키다 등은 '-시키다'와 결합해서 쓸 수 있다.

17

사동법의 특징을 고려할 때 밑줄 친 단어의 쓰임이 옳은 것은?   2018 지방직 9급

① 그는 김 교수에게 박 군을 <u>소개시켰다</u>.

② 돌아오는 길에 병원에 들러 아이를 <u>입원시켰다</u>.

③ 생각이 다른 타인을 <u>설득시킨다</u>는 건 참 힘든 일이다.

④ 우리는 토론을 거쳐 다양한 사회적 갈등을 <u>해소시킨다</u>.

---

236 선경후정(先景後情)

시의 앞부분에서는 풍경을 그리듯이 보여주고, 뒷부분에서는 화자의 정서를 표현하는 시상전개
방식이다.

1. 시의 전반부

외적 요소의 묘사, 경치 묘사(서경 – 객관)

2. 시의 후반부

화자의 내적 상태, 감정, 정서 표현(서정 – 주관)

> 펄펄 나는 저 꾀꼬리 / 암수 정답게 노니는데 / 외로울사 이내 몸은 / 뉘와 함께 돌아갈꼬. – 유리왕 〈황조가〉
> → 1~2구에서는 정다운 꾀꼬리의 모습인 외적 상황을 제시하고 (선경), 3~4구에서는 화자의 외로운 심정인 내적
>   상황을 나타내었다. (후정)

237 **지그시/지긋이, 반드시/반듯이**

1. 지그시, 지긋이

지그시	가만히(조용히 참고 견디는 모양)
지긋이	비교적 나이가 많아 점잖게

예 사우나에서 눈을 <u>지긋이</u>(→ 지그시) 감고 앉아 있었다.

2. 반드시, 반듯이

반드시	꼭, 틀림없이
반듯이	곧게, 바로

예 사용 후 <u>반듯이</u>(→ 반드시) 물을 내려 주십시오.

238 **바람을 나타내는 어휘**

* 높새바람 – 북동풍

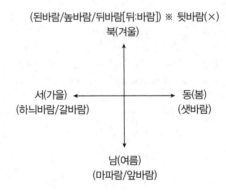

(된바람/높바람/뒤바람[뒤:바람]) ※ 뒷바람(×)
북(겨울)

서(가을)
(하늬바람/갈바람)

동(봄)
(샛바람)

남(여름)
(마파람/앞바람)

239   '–데'와 '–대'의 구별

–데(~더라)	과거 자신의 직접 경험 예 어제 보니 그 사람 말을 잘하데.
–대(~다고 해)	남의 이야기 간접 전달 예 • 내일 비 온대. 　• 사람이 아주 똑똑하대.

예 • 작년 시험 쉽데. (○) → 자신이 직접 시험을 친 경험
　• 작년 시험 쉽대. (○) → 남이 친 시험을 간접 전달
　• 내년 시험 쉽대. (○), 내년 시험 쉽데. (×)
　　→ 내년은 직접 경험할 수 없으니까 남의 이야기 전달인 '쉽대'만 맞음
　• 오빠가 그러는데요, 혜리가 예쁘대요.
　• 내일 야유회 간대요?
　• 그이가 말을 아주 잘하데.
　• 제가 직접 봤는데 너무 크데요.
　• 철수도 오겠대?

240   반나절, 한나절, 나절가웃

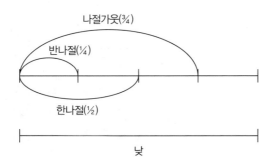

241 액자식 구성

이야기 속에 또 다른 이야기가 들어 있는 구성 방식

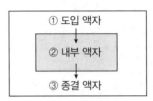

① 도입 액자
↓
② 내부 액자
↓
③ 종결 액자

※ ①, ③ : 외화(외부 이야기)
　②: 내화(내부 이야기)

알맹이 이론

액자식 구성의 작품 – 액자 소설
김동리 〈무녀도〉, 김동인 〈배따라기〉, 현진건 〈고향〉
전영택 〈화수분〉, 박완서 〈그 여자네 집〉, 이청준 〈병신과 머저리〉
조세희 〈난쟁이가 쏘아 올린 작은 공〉, 박지원 〈허생전〉, 〈호질〉
김만중 〈구운몽〉, 〈운영전〉 등

---

242 주의해야 할 품사 구별

이다(서술격 조사) ↔ 아니다(형용사)	맞다(동사) ↔ 틀리다(동사)
옳다(형용사) ↔ 그르다(형용사)	같다(형용사) ↔ 다르다(형용사)
젊다(형용사) ↔ 늙다(동사)	예쁘다(형용사) ↔ 못나다(동사)
크다(동사, 형용사) ↔ 작다(형용사)	있다(동사, 형용사) ↔ 없다(형용사)
밝다(동사, 형용사) ↔ 어둡다(형용사)	길다(동사, 형용사) ↔ 짧다(형용사)

243 > 남편과 아내 쪽의 호칭어

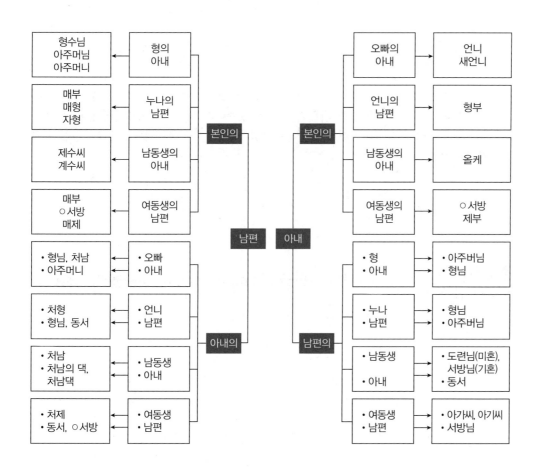

18
호칭어와 지칭어의 사용이 적절한 것은?   2017 하반기 지방직 9급

① (남편의 형에게) 큰아빠, 전화 받으세요.
② (시부모에게 남편을) 오빠는 요즘 무척 바빠요.
③ (남편의 누나에게) 형님, 어떤 것이 좋을까요.
④ (다른 사람에게 자기 배우자를) 이쪽은 제 부인입니다.

18 정답 및 해설
알맹이 노트 p. 74

244 진작에, 진즉에

> 부사 '진작', '진즉'에 부사격 조사 '-에'가 결합된 '진작에', '진즉에'가 표준어로 사전에 등재됨
> (2014년 하반기 국립국어원 표준국어대사전 수정사항)

문법적으로도 부사는 보조사와는 결합하지만 격조사와는 결합할 수 없다. 기존에 잘못된 문법표현이고 공무원시험 기출문제에도 많이 나왔던 '진작에, 진즉에'가 일반 언어생활에서 많이 사용되는 점을 감안하여 독립된 부사의 형태로 사전에 등재되었다. 따라서 '진작에＝진즉에＝진작＝진즉' 네 가지 모두 맞는 표현이다.

※ 워낙에: 2015년 사전 등재

245 자음의 표기와 발음 (한글 맞춤법 제4항, 표준발음법 제16항)

1. 자음의 명칭

ㄱ(기역)	ㄴ(니은)	ㄷ(디귿)	ㄹ(리을)	ㅁ(미음)	ㅂ(비읍)	ㅅ(시옷)
ㅇ(이응)	ㅈ(지읒)	ㅊ(치읓)	ㅋ(키읔)	ㅌ(티읕)	ㅍ(피읖)	ㅎ(히읗)

[예외] 기역, 디귿, 시옷

*제16항 자모의 발음은 제13항 연음 법칙의 예외규정이다.

2. 한글 자모의 이름은 그 받침소리를 연음하되, 'ㄷ, ㅈ, ㅊ, ㅋ, ㅌ, ㅍ, ㅎ'의 경우에는 특별히 다음과 같이 발음한다.

디귿이[디그시]	디귿을[디그슬]	디귿에[디그세]
지읒이[지으시]	지읒을[지으슬]	지읒에[지으세]
치읓이[치으시]	치읓을[치으슬]	치읓에[치으세]
키읔이[키으기]	키읔을[키으글]	키읔에[키으게]
티읕이[티으시]	티읕을[티으슬]	티읕에[티으세]
피읖이[피으비]	피읖을[피으블]	피읖에[피으베]
히읗이[히으시]	히읗을[히으슬]	히읗에[히으세]

246 ▶ 언어의 분절성

> 언어는 연속적으로 이어져 있는 현실 세계를 불연속적인 것으로 끊어서 표현한다.

예
- 무지개의 색깔: 연속의 세계로 경계가 없으나 언어 세계에서는 경계를 지어서 부름
- 턱, 볼, 이마의 구분
- 송구영신(送舊迎新)
- 신체의 구분: 머리－몸통－팔－다리

247 ▶ 묘령, 방년, 재원, 말괄량이

> 묘령(妙齡), 방년(芳年), 재원(才媛), 말괄량이 – 모두 여자를 나타내는 단어임
> 20살의 꽃다운 여자　　재주↑　　활달↑

예
- 이 남자는 우리 회사 최고의 재원(→ 인재)이다.
- 묘령의 소녀(→ 여인)에게 꽃을 받았다.

어휘 풀이
- 재원(才媛): 재주가 있는 젊은 여자
- 묘령(妙齡): 스무 살 안팎의 여자의 꽃다운 나이

248 문장의 짜임

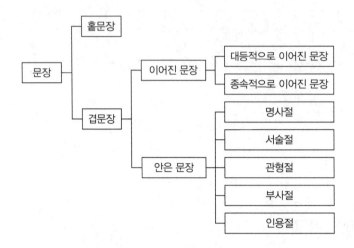

1. 홑문장

주어와 서술어의 관계가 한 번만 이루어지는 문장을 말한다.

2. 겹문장

주어와 서술어가 두 번 이상 나타나는 문장을 말한다.

알맹이 연습문제

※ 다음 문장의 짜임을 쓰시오.

1) 나는 긴 머리띠를 한 개 샀다.
2) 우리는 돈 없이 여행을 떠났다.
3) 그것은 영이가 입을 옷이다.
4) 나는 형이 오기를 기다렸고 동생은 형이 준 책을 읽었다.
5) 아이가 작은 침대에서 소리도 없이 잔다.
6) 내가 만난 친구는 마음이 정말 따뜻하다.

249 이어진 문장

1. 대등적으로 이어진 문장

① 대등적 연결 어미를 사용하여 문장을 연결한 경우를 말한다.

② 나열(−고, −며), 대조(−나, −지만), 선택(−든지, −거나) 등을 어미로 사용하여 의미상 대칭 구조를 만든다.

종류		예
나열 (and)	'−고' '−(으)며'	• 혜리는 방송국에 가고 / 수지는 학교에 간다. • 혜리는 노래도 잘하며 / 춤도 잘 춘다.
대조 (but)	'−(으)나' '−지만 (＝지마는)'	• 동생은 시험에 합격했으나 / 형은 그러지 못했다. • 혜리는 많이 먹지만 / 살이 안 찐다.
선택 (or)	'−거나' '−든지'	• (너는) 밥을 먹든지 / 라면을 먹든지 / 맘대로 해라. • 자장면을 선택하거나 / 짬뽕을 선택하거나 / 빨리 결정해라.

2. 종속적으로 이어진 문장

① 종속적 연결 어미를 사용하여 문장을 연결한 경우이다.

② 이유(−어서, −므로, −니까), 조건(−면, −거든), 의도(−려고, −고자) 등을 어미로 사용하여 종속적인 관계를 표시한다.

종류	종속적 연결 어미	예
조건	'−(으)면' '−거든', −아야/어야	• (누구나) 열심히 공부하면 / 대학에 합격할 수 있다. • 그분을 만나거든 / 꼭 제 인사 말씀을 전해 주세요.
원인	'−(으)니/−니까', '−므로' '−아서/어서', '−다가' …	• 봄이 오니 / 꽃이 핀다. • 비가 오므로 / 그녀는 외출하지 않았다.
양보	'−도', '−더라도' '−(으)ㄹ지라도' '−ㄴ들', '−ㄹ망정', −아도/어도	• 시험에 떨어질망정 / 남의 것을 베끼지는 않겠다. • 고향에 가더라도 / 큰 집에 들르지 않겠다.
의도	'−러', '−려', '−(으)려고' '−고자', '−게', '−도록' …	• 시험을 보려고 / 아침 일찍 일어났다. • 밤이 새도록 / 학생들은 토론을 계속하였다.
배경	'−는데', '−(으)ㄴ데' …	혜리가 문학이 좋아하는데 / 문법은 싫어해.
동시	'−자', '−면서', '−자마자' …	까마귀 날자 / 배 떨어진다.

19

대등하게 이어진 문장인 것은?

2018 하반기 소방직

① 까마귀 날자 배 떨어진다.

② 사공이 많으면 배가 산으로 간다.

③ 가는 말이 고와야 오는 말이 곱다.

④ 낮말은 새가 듣고 밤말은 쥐가 듣는다.

---

250 ▶ 안은 문장

겹문장 중에서 문장 안에 작은 문장(절)이 들어가 안겨 있는 경우를 말한다. 즉 절이 더 큰 문장 안에서 하나의 문장 성분으로 쓰이는 경우이다.

1. 명사절을 안은 문장

절이 명사의 역할을 하는 문장이다. 명사형 어미 '(으)ㅁ, −기, −는 것'이 붙어 형성된다.

예 • 혜리가 가수임이 밝혀졌다.

• 나는 혼자서 밥을 먹기가 싫다.

• 나는 그가 학생임을 알았다.

• 철수는 시험 성적이 잘 나오기만을 바라고 있다.

• 나는 혼자서 밥을 먹는 것이 싫다.

2. 서술절을 안은 문장

절이 서술어의 역할을 하는 문장이다. 즉 서술어 자리에 주술 구조의 문장이 들어온 경우이다. 이 문장은 '주어+(주어+서술어)'의 구성을 취한다.

예 • 토끼는 앞발이 짧다. − 주어+(주어+서술어)

• 혜리는 키가 작다. − 주어+(주어+서술어)

3. 관형절을 안은 문장

절이 관형어의 역할을 하는 문장을 말한다. 명사 앞에 위치하며, 관형사형 어미인 '−ㄴ, −ㄹ, −는, −던'을 취한다.

예 • 낙엽이 지는 광경이 아름답다

• 네가 깜짝 놀랄 일이 생겼다.

4. 부사절을 안은 문장

절이 부사어의 역할을 하는 문장을 말한다. 대체로 부사 파생접사 '이', 부사형 전성어미 '−게, −도록, −아서/어서'…가 결합되어 형성된다.

예 • 비가 소리도 없이 내린다.
- 그는 동생과 달리 마음이 너그럽다.
- 그 집은 벽이 아름답게 장식되어 있었다.

5. 인용절을 안은 문장

화자의 생각, 판단, 또는 남의 말을 인용한 문장을 말한다. 즉, 문장에서 인용된 부분으로, '−라고, −고'가 붙어 형성된다. 이때 '− 라고, 하고'로 연결된 절을 직접 인용절이라고 하고, '−고'로 연결된 절을 간접 인용절이라고 한다.

예 • "사람은 빵만으로 사는 동물이 아니다"라고 말했다.
- 철수는 책을 좋아한다고 나에게 속삭였다.

20 정답 및 해설
알맹이 노트 p. 74

20
'안은 문장'의 예로 가장 적절하지 <u>않은</u> 것은?   2018 경찰직 2차

① 그것은 영이가 입을 옷이다.
② 우리는 돈 없이 여행을 떠났다.
③ 결국 그 사람이 범인이었음이 밝혀졌다.
④ 많이 바쁘시겠지만 꼭 참석해 주십시오.

---

251 **속담과 관련된 한자성어 ②**

01	得隴望蜀 득롱망촉	말타면 경마(말의 고삐) 잡고 싶다. 농땅을 얻고 또 촉나라를 탐낸다는 뜻으로 인간의 욕심이 무한정함을 나타냄
02	磨斧爲針 마부위침	열 번 찍어 안 넘어가는 나무 없다. "도끼를 갈면 바늘이 된다"는 뜻으로 아무리 어렵고 험난한 일도 계속 정진하면 꼭 이룰 수 있다는 말 (=磨斧作針, 愚公移山)

03	登高自卑 등고자비	천릿길도 한 걸음부터. 일을 하는 데는 반드시 차례를 밟아야 한다는 말
04	狐假虎威 호가호위	원님 덕에 나팔 분다. 다른 사람의 권세를 빌어서 위세를 부림
05	金枝玉葉 금지옥엽	불면 꺼질까 쥐면 터질까. 아주 귀한 집안의 소중한 자식
06	同族相殘 동족상잔	갈치가 갈치 꼬리 문다. 동족끼리 서로 헐뜯고 싸움
07	十伐之木 십벌지목	열 번 찍어 안 넘어가는 나무가 없다.
08	燈下不明 등하불명	등잔 밑이 어둡다. 가까이 있는 것을 도리어 알기 어려움
09	馬耳東風 마이동풍	말 귀에 동쪽 바람, 남의 말을 귀담아 듣지 않고 지나쳐 흘려버림
10	苦盡甘來 고진감래	고생 뒤에 낙(樂)이 온다. ↔ 興盡悲來
11	勸善懲惡 권선징악	악한 것을 징벌하고 선한 것을 권함(고전소설의 일반적 주제)
12	虎死留皮 호사유피	호랑이가 죽으면 가죽을 남긴다. 사람이 죽은 뒤 이름을 남긴다는 뜻
13	言中有骨 언중유골	말 속의 뼈, 예사로운 말 속에 비꼬거나 헐뜯는 뜻이 들어 있음
14	同價紅裳 동가홍상	같은 값이면 다홍치마, 이왕이면 보기 좋은 것이 좋음
15	明若觀火 명약관화	불 보듯 뻔함. 더 말할 나위 없이 명백함

252 촌수보

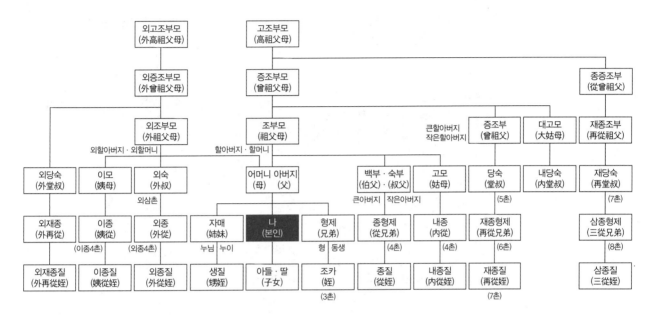

알맹이 이론

촌수 헤아리는 법

직계로 한 칸(위, 아래)은 1촌이다. 방계(옆으로)로 한 칸은 2촌이다. 직계로 먼저 헤아리고 옆으로 간다.

① 부자: 1촌   ② 조손: 2촌

③ 형제: 2촌   ④ 숙질(삼촌, 조카): 3촌

⑤ 종: 2촌   ⑥ 재종: 4촌

253 문학의 4대 미(美)

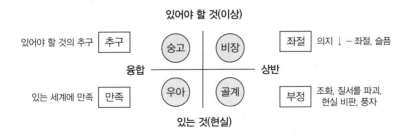

과도한 높임 표현

1. 높일 필요가 없는 대상을 과도하게 높이면 오히려 어색한 느낌을 주므로, 높임이 꼭 필요한 곳에 적절히 사용하여야 한다.

알맹이 풀이

1) 사장실
2) 사장 지시
3) 주부들의
4) 신랑과 신부는
5) 카드네요
6) 걸스데이에게/부탁해
7) 소개합니다
8) 다섯 살이라고요/예쁘네요

알맹이 연습문제

※ 밑줄 친 부분을 바르게 고쳐보시오.

1) 이번 주 금요일 아침 10시에 <u>사장님실</u>에서 회의가 있습니다.
   → 직함에 '-님'을 붙이는 것은 호칭이나 지칭어에서만 가능하다.
2) <u>사장님 지시</u> (문서에서)
3) <u>주부님들의</u> 고민을 말끔히 해결해 드립니다.
4) <u>신랑님과 신부님은</u> 사무실로 와 주십시오.
5) 손님 카드는 저희 백화점 <u>카드시네요.</u>
6) 인기 그룹 <u>걸스데이께</u> 노래 한 곡 <u>부탁드려</u> 볼까요?
7) 관객 여러분! 걸스데이 이혜리 씨를 <u>모시겠습니다.</u>
8) 따님이 이제 <u>다섯 살이시라고요.</u> 따님 이름도 참 <u>예쁘시네요.</u>

2. 간접 높임(높일 필요가 없는 경우에 사용된 간접 높임)

고객 존대의 의도로 간접 높임을 할 필요는 없다.

알맹이 풀이

1) 나왔습니다
2) 품절입니다
3) 없습니다
4) 포장해 드릴까요?
5) 몇 번입니까?

알맹이 연습문제

※ 밑줄 친 부분을 바르게 고쳐보시오.

1) 주문하신 커피 <u>나오셨습니다.</u>
2) 문의하신 상품은 <u>품절이십니다.</u>
3) 말씀하신 사이즈가 <u>없으십니다.</u>
4) (패스트푸드점, 커피 전문점 등에서) <u>포장이세요?</u>
5) 고객님, 전화번호가 <u>몇 번이세요?</u>

255 긍정적, 부정적 의미를 지니는 단어

○(긍정적 의미)	△(부정적 의미)
일체(一切)	일절(一切)
덕	탓
회자(膾炙)되다 (칭찬)	전철(前轍)을 밟다 (잘못을 되풀이)
보상(補償) (합법적 피해)	배상(賠償) (불법적 피해)
낭보(朗報) (기쁜 소식)	비보(悲報) (슬픈 소식)
협조(協助) (힘을 모아 서로 도움)	방조(傍助) (범죄 행위를 도움)
계기 (근거, 기회)	빌미 (재앙이나 탈이 생기는 원인)
지향(志向) (목표를 향해 나아감)	지양(止揚) (피하지 않음)

256 윗사람에게 쓰면 실례가 되는 단어

'당부, 수고, 야단, 평안' 등의 단어는 윗사람에게 쓰면 실례가 되는 표현이다.

예 • 선생님, 그 점을 꼭 당부드립니다. → 선생님, 그 점을 꼭 부탁드립니다.
• 아저씨, 수고하셨습니다. → 아저씨, 고맙습니다.
• 그동안 평안히 계셨습니까? → 그동안 안녕하셨습니까?
• 어제 아버지한테 야단을 맞았다. → 어제 아버지한테 걱정(꾸지람, 꾸중)을 들었다.

257 문학 작품 이해의 관점

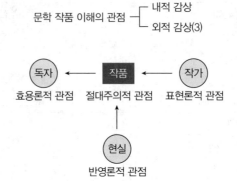

21

표현론적 관점에서 작품을 감상한 것으로 가장 적절한 것은?   2015 경찰직 2차

① 이 작품은 1930년대 일제 강점기 하층민들이 소작농으로 전락해 어떤 삶을 살았는지를 알 수 있게 해.

② 작가 김유정은 강원도가 고향이야. 그래서 '짜증, 안죽' 등의 토속적 어휘와 사투리를 사용해 향토적인 느낌을 불러일으켰어.

③ '나'와 장인의 갈등, 점순이의 이중적인 태도로 인한 상황 반전, 절정을 결말에 삽입한 역순행적 구성 등은 작품의 해학성을 부각시키고 있어.

④ '나'와 장인이 화해를 한 것처럼 보이지만 현실의 문제가 근본적으로 해결된 상태가 아니기에 욕심 많은 장인이 앞으로도 '나'를 속일 것이라고 짐작할 수 있어.

* 절대론＝존재론, 객관론

* 표현론＝생산론, 영감론

* 효용론＝수용론

* 반영론＝모방론

258 ▶ 시점과 거리

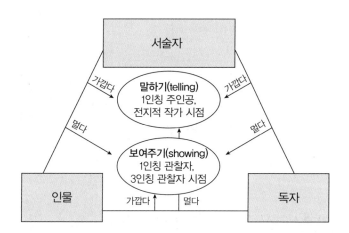

259 ▶ ~之歎(~하는 탄식) – 한탄

01	風樹之歎 풍수지탄	효도를 다하지 못하고 어버이를 여읜 자식의 슬픔을 비유한 말
02	亡羊之歎 망양지탄	달아날 양을 쫓는데 갈림길이 많아서 잃어버리고 탄식한다는 뜻으로, 학문의 길이 다방면이어서 진리를 깨닫기가 어려움을 한탄함을 비유한 말 ＝다기망양(多岐亡羊)
03	麥秀之歎 맥수지탄	보리가 무성하게 자란 것을 탄식함. 고국의 멸망을 탄식함 ＝黍離之歎(서리지탄): 나라가 망하여 궁궐터에 기장만이 황폐하게 자람
04	桂玉之歎 계옥지탄	식량을 구하기가 계수나무 구하듯이 어렵고, 땔감을 구하기가 옥을 구하기만큼이나 어려움, 매우 가난함을 탄식＝상재지탄(傷哉之歎)
05	髀肉之歎 비육지탄	하는 일 없이 넓적다리에 살이 붙었음을 탄식, 허송세월한 스스로를 탄식함＝만시지탄(晩時之歎)
06	燕鴻之歎 연홍지탄	제비는 남으로 기러기는 북으로 날아감. 길이 어긋나서 서로 만나지 못함을 탄식함

※ 望洋之歎(망양지탄): 자신이 능력이 부족함을 한탄함

260 ▶ 모가치, 이파리, 살쾡이, 값어치

구분	소리나는 대로	원형 밝혀서
몫	모가치 (○)	몫아치 (×)
값	가버치 (×)	값어치 (○)
잎	이파리 (○)	잎아리 (×)
삵	살쾡이 (○)=삵	삵괭이 (×)

261 ▶ 피카레스크식 구성과 옴니버스식 구성

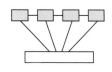

피카레스크식 구성

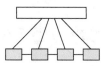

옴니버스식 구성

1. 피카레스크식 구성

각각의 이야기에 동일한 인물이 등장하여 각기 다른 사건들을 경험하고 이를 통해 주제 의식을 드러내는 구성방식이다. 연작 형식의 소설이 이 구성에 해당한다.

예 〈관촌수필〉 이문구(8편), 〈난쟁이가 쏘아 올린 작은 공〉 조세희(12편), 〈천변풍경〉 박태원 (50개의 절)

2. 옴니버스식 구성

하나의 주제를 바탕으로 독립된 몇 편의 이야기가 구성되어 있는 형태를 의미한다. 즉 하나의 주제 아래 다양한 인물들이 등장하여 이야기나 사건을 펼쳐 나가는 방식이다.

예 〈봉산탈춤〉 (7과장), 〈금오신화〉 김시습 (5편)

262 소리의 길이에 따른 의미 구별 (1음절 단어)

알맹이 TIP

길게 발음되는 장음일지라도 둘째 음절 이하에서는 짧게 발음한다.

예 눈[눈:]
　눈사람[눈:싸람]
　첫눈[천눈]
　함박눈[함방눈]

┌ 돌(1주년)　　┌ 눈(目)　　　┌ 말(馬)　　　┌ 발(足)　　　　　┌ 솔(松)
└ 돌:(石)　　　└ 눈:(雪)　　　└ 말:(言)　　　└ 발:(햇빛 가리개)　└ 솔:(먼지떨이)

┌ 병(물, 술)　　┌ 밤(夜)　　　┌ 벌(죄)　　　┌ 굴(조개)　　　　┌ 간(음식)
└ 병:(病)　　　└ 밤:(栗)　　　└ 벌:(곤충)　　└ 굴:(동굴)　　　　└ 간:(肝)

┌ 배(과일, 선박, 복부)　┌ 해(sun)　　┌ 종(bell)　　┌ 공(공로)　　┌ 술(알코올)
└ 배:(×2)　　　　　　　└ 해:(피해)　└ 종:(하인)　　└ 공:(ball)　　└ 술:(장식 실)

암기법 TIP

단음
솔 향기나는 병에 술도 먹고 벌을 주냐 공을 주냐 고민하며 밤을 새우다 해가 떴다
돌잔치에 가서 배도 먹고 굴도 먹었으나 음식 간이 안 맞는다
아이가 눈도 발도 예쁘다. 종을 치고 말도 타며 논다

263 곤혹(困惑), 곤욕(困辱)

곤(란+당)혹스럽다	곤란한 일을 당하여 어찌할 바를 모른다는 의미 예 예기치 못한 질문에 곤혹스러웠다.
곤(란+모)욕스럽다	심한 모욕, 참기 힘든 일 예 나이 먹은 나로서는 도저히 곤욕스러운 자리였다.

264 반언어적 표현, 비언어적 표현

반언어적 표현	억양	• 화자의 감정이나 의도의 변화에 따라서 자연스럽게 변화를 줌 • 발표나 연설: 의도적으로 억양에 변화를 주어 말의 단조로움을 피하는 것이 좋음
	성량	• 일 대 일의 대화: 목소리가 작아도 됨 • 발표나 연설: 성량을 풍부하게 하여야 함
	속도	• 청자가 자연스럽게 들을 수 있을 정도로 적당하게 변화를 주면서 조절할 필요가 있음 • 어린이나 노인에게 말할 때: 평소보다 더 느리게 함
	어조	확신에 찬 어조로 말해야 할 때와 슬프거나 안타까운 마음이 담긴 어조로 말해야 할 때가 다름
비언어적 표현	시선	일반적으로 시선의 유지는 관심이나 호감의 표현으로 해석되지만, 시선을 받는 상대방이 어떻게 느끼느냐가 중요하므로 상대에 따라서 적절히 조절할 필요가 있음
	표정	마음속의 감정, 정서, 심리 상태를 표현하는 표정은 다양한 모양으로 나타날 수 있음
	몸짓	문화적으로 차이가 있는 경우가 많기 때문에 주의해서 사용하여야 함

265 한자성어 – 어떤 일의 시작이나 발단

01	嚆矢 효시	'우는 화살'이란 뜻으로 옛날에 전쟁을 할 경우에 가장 소리가 잘나는 화살을 쏘아서 개전(開戰)을 알렸다는 데서 유래한 말
02	濫觴 남상	'술잔에서 넘친다.'는 뜻으로 아무리 큰 물줄기라 하더라도 그 근원을 따지고 보면 자그마한 술잔에서 넘치는 물로부터 시작된다는 뜻
03	破天荒 파천황	천지개벽 이전의 혼돈한 상태를 깨뜨려 연다는 뜻으로 이제까지 아무도 하지 않은 일을 하는 것을 이름
04	前代未聞 전대미문	지난 시대에는 들어 본 적이 없다는 뜻으로, 매우 놀랍거나 새로운 일을 이르는 말
05	前人未踏 전인미답	이전 사람이 아직 밟지 않았다는 뜻으로, 지금까지 아무도 발을 디딘 일이 없음

06	未曾有 미증유	지금까지 아직 한 번도 있어 본 적이 없음 = 初有(초유)
07	前無後無 전무후무	전에도 없었고 앞으로도 있을 수 없음 = 空前絶後(공전절후)

266 ▶ 한시 출제 예상 Best 4

1. 이색 〈부벽루〉

어제 영명사를 지나다가
잠시 부벽루에 올랐네.
성은 텅 빈 채로 달 한 조각 떠 있고
오래된 조천석 위에 천 년의 구름 흐르네.
기린마는 떠나간 뒤 돌아오지 않는데
천손은 지금 어느 곳에 노니는가?
돌다리에 기대어 휘파람 부노라니
산은 오늘도 푸르고 강은 절로 흐르네.

① 성격: 회고적
② 어조: 지난날의 찬연한 역사를 회고하며 그와 대비되는 현재의 모습에서 무상감에 젖어 있다.
③ 시대적 배경: 이 당시 고려는 원의 오랜 침략을 겪고 난 후 국력이 극도로 쇠약해져 있었다.
   시인은 이러한 시대 상황 속에서 고구려의 웅혼한 역사를 일으킨 동명왕의 위업을 생각하
   고 있다.
④ 주제: 인생무상/고려의 국운 회복 소망

2. 이제현 〈사리화〉

참새야 어디서 오가며 나느냐,
일 년 농사는 아랑곳하지 않고,
늙은 홀아비 홀로 갈고 맸는데,
밭의 벼며 기장을 다 없애다니.

① 어조: 부당한 현실을 비유적으로 고발하여 원망하는 어조
② 주제: 권력자의 수탈과 횡포의 고발
③ 권력 있는 자들의 횡포와 수탈을 '참새'가 일 년 동안 애써 지은 농사를 다 빼앗아 가는 것에 비유하여 비판하고 있다.

3. 최치원 〈제가야산독서당〉

첩첩 바위 사이를 미친 듯 달려 겹겹 봉우리 울리니,
지척에서 하는 말소리도 분간키 어려워라.
늘 시비(是非)하는 소리 귀에 들릴세라,
짐짓 흐르는 물로 온 산을 둘러 버렸다네.

① 표현: 대구법, 의인법
② 주제: 산중에 은둔하고 싶은 심정
③ 최치원은 귀국 후 정치를 개혁하기 위한 노력을 기울였으나 받아들이지 않았다. 이러한 난세를 절망하며 각지를 유랑하던 그는 가야산에 은거하여 여생을 마친다.

4. 을지문덕 〈여수장우중문시〉

그대의 신기(神奇)한 책략(策略)은 하늘의 이치(理致)를 다했고,
오묘(奧妙)한 계획(計劃)은 땅의 이치를 다했노라.
전쟁(戰爭)에 이겨서 그 공(功) 이미 높으니,
만족(滿足)함을 알고 그만두기를 바라노라.

① 표현: 대구법, 억양법, 반어법
② 주제: 적장의 오판 유도, 적장 희롱
③ 의의: 현전하는 우리나라 최고(最古)의 한시

직접 발화와 간접 발화

구분	직접 발화	간접 발화
특징	발화의 내용과 발화 형식이 일치한다.	발화의 내용과 발화 형식이 일치하지 않는다.
상황과 의도	상황보다 의도가 우선된다.	의도를 상황에 맞춰 표현한다.
예	(시간을 물으며) 지금 몇 시야?	• (늦은 것을 혼내며) 지금 몇 시야. • (민원실에서 큰소리로 떠드는 민원인에게) 죄송하지만, 다른 민원인들도 생각해 주시겠습니까?

어휘 풀이
• 발화(發話): 소리를 내어 말을 하는 언어 행위

22 정답 및 해설
알맹이 노트 p. 74

22
다음 공무원의 말에 대한 〈보기〉의 설명 중 옳은 것만을 모두 고른 것은?   2016 교행직 9급

(민원실에서 큰 소리로 떠들고 있는 민원인에게)
죄송하지만 다른 민원인들도 생각해 주시겠습니까.

ㄱ. 청자의 심리적 부담을 낮추려는 표현이다.
ㄴ. 발화 형식과 발화 기능이 일치하는 표현이다.
ㄷ. 화자가 자신의 의도를 직접적으로 드러낸 표현이다.
ㄹ. 화자가 청자에게 조용히 해 달라고 요청하는 표현이다.

① ㄱ, ㄷ   ② ㄱ, ㄹ   ③ ㄴ, ㄷ, ㄹ   ④ ㄱ, ㄴ, ㄹ

토의와 토론

구분	토의(dicussion)	토론(debate)
목적	당면한 문제에 대해 여럿의 의견을 모아 최선의 해결책을 찾음	당면한 논제에 대한 이해를 심화하고 해결하려 함
참여자의 역할	협력적 상호작용(최선의 해결책 모색)	경쟁적 상호작용(찬성과 반대의 의견 대립)
형식	원탁 토의, 심포지엄, 포럼, 패널 토의 등	고전식 토론, 직파식 토론, 반대 신문식 토론 등

1. 토의

> • 심각해져 가는 물 부족 문제를 해결할 수 있는 방법은 무엇인가?
> • 폭력을 제재로 하는 영화가 흥행하는 이유는 무엇인가?
> • 외래어의 범람을 막을 수 있는 방법은 무엇인가?
> • 집단 따돌림의 원인과 문제, 해결책은 무엇인가?
> • 흡연 인구를 줄이려면 어떻게 해야 하는가?
> • 책을 많이 읽게 하려면, 어떻게 해야 하나?
> • 통일 교육 어떻게 해야 하나?

2. 토론

> • 개고기 판매를 법적으로 금지해야 하는가, 허용해야 하는가?
> • 안락사를 허용해야 하나?
> • 집단 따돌림을 시키는 사람이 문제인가, 당하는 사람이 문제인가?
> • 초등학교 학력평가 시험은 필요한가, 불필요한가?
> • 북한 식량 원조를 해야 하나?
> • 사형제도는 폐지되어야 하는가?
> • 통일은 빠를수록 좋은가?

---

269 ▶ 글쓰기(작문)의 5단계 과정

> 주제 설정 → 자료 수집 · 선택 → 구상 및 개요 작성 → 집필 → 퇴고

1. 계획하기 − 주제 설정, 주제문 작성

2. 생성하기 − 내용 선정, 글감 수집

3. 조직하기 − 구상, 개요 작성

4. 표현하기 − 집필

5. 고쳐쓰기 − 퇴고

270 〉 서사, 과정, 인과 – 동태적 전개방식

1. 서사

사건의 진행 과정이나 사물의 움직임과 변화를 시간의 흐름에 따라 적어나가는 것이다. 서사는 일어난 일의 내용, 즉 '무엇이 일어났는가.'라는 사건에 중점을 둔다. 행위의 주체가 시간의 흐름에 따라 무슨 사건을 야기하였는지가 주된 서술의 대상이다.

2. 과정

어떤 특정의 결말이나 결과를 야기하는 절차와 단계에 초점을 두는 방법이다. 과정은 일어난 일의 단계, 즉 '어떻게 하였는가?'에 초점을 두며, 전체의 내용이 주로 '~하는 방법'으로 요약된다.

3. 인과

어떤 결과를 가져오게 한 원인을 중심으로 하는 전개 방법이다. 인과는 사건이 '왜 일어났는가?'에 초점을 두며, 전체의 내용이 주로 '~하는 이유(원인)'로 요약된다.

271 〉 비교와 대조

비교	둘 이상의 사물을 공통점을 중심으로 설명하는 방법이다.
대조	둘 이상의 사물의 차이점을 들어 설명하는 방법이다.

* 비교와 대조는 같은 층위의 항목들 사이에서 이루어져야 한다는 점에 주의해야 한다. 즉 비교나 대조의 항목은 동일하거나 비슷한 범주여야 하는 것이다.
　예 • 비유법과 역설법(×) → 비유법과 변화법(○)
　　• 연극과 희곡(×) → 연극과 영화 혹은 희곡과 시나리오(○)

272 ▶ 의존명사 '것, 터' – 무조건 띄어쓰기

1. 것이다=거다, 것이야=거야, 것을=걸, 것은=건, 것이=게

예
- 나는 예쁜 걸 좋아해.
- 사랑을 할 거야.
- 아는 게 힘이다.

- 내가 믿을 건 실력뿐이다.
- 나중에 후회할 거다.

2. 터인데=텐데, 터이다=테다, 터이야=테야

예
- 집에 갈 테야.
- 비가 더 와야 할 텐데.

- 무사해야 할 텐데.

예 나는 올해 시험에 반드시 합격할∨거야 / ∨거다 / ∨테야 / ∨테다

3. 종결어미 '–ㄹ걸, –ㄹ게' – 앞말과 붙여 쓴다.

① –ㄹ걸(종결어미): 추측, 후회/아쉬움

예 그는 내일 부산으로 떠날걸./차 안에서 미리 자둘걸.

② –ㄹ게(종결어미): 약속

예 다시 전화할게./만화책을 안 볼게.

※ 후회할 걸 왜 그랬어./아마 그렇게 말한 걸 후회할걸./아마 그 친구가 먼저 갔을걸요.

273 두 가지로 발음되는 경우

1. 사이시옷 – 시냇가
- 원칙: [시내까]
- 허용: [시낻까]

2. '예, 례' 이외의 'ㅖ'[ㅖ/ㅔ]
- 지혜[지혜/지헤]
- 은혜[은혜/은헤]
- 계시다[계:시다/게:시다]

3. 둘째 음절 이하 '의'[의/이], 조사 '의'[의/에]
- 강의[강의/강이]
- 우리의[우리의/우리에]

4. ㅣ모음 순행동화
- 되어[되어/되여/뒈어/뒈여]
- 피어[피어/피여]
- 이오[이오/이요]
- 아니오[아니오/아니요]

5. 'ㅚ'[ㅚ/ㅞ]
- 금괴[금괴/금궤]
- 최근[최근/췌근]

6. 맛있다
- 원칙: [마딛따]
- 허용: [마싣따]

7. 멋있다
- 원칙: [머딛따]
- 허용: [머싣따]

274 문장성분

주성분	주어	• 문장의 주체가 되는 문장성분 • 체언+주격 조사, 체언+보조사
	서술어	• 주어를 풀이하는 기능을 하는 문장성분 • 동사, 형용사, 체언+서술격 조사(이다)
	목적어	• 서술어의 대상이 되는 문장성분 • 체언+목적격 조사, 체언+보조사
	보어	• '되다, 아니다'와 같은 서술어의 필수 성분이 되는 문장성분 • 체언+보격 조사(이/가)
부속 성분	관형어	• 체언을 수식하는 문장성분 • 관형사, 용언+관형사형 어미, 체언+관형격 조사(의), 관형절
	부사어	• 용언, 부사어 등을 수식하는 문장성분 • 부사, 체언+부사격 조사, 용언+부사형 어미, 접속부사, 부사절
독립 성분	독립어	• 문장의 어느 성분과도 직접적인 관련이 없는 문장성분 • 감탄사, 체언+호격 조사

23 정답 및 해설

알맹이 노트 p. 74

23

다음 중 국어의 문장성분에 관한 설명이 옳은 것끼리 묶인 것은?   2016 서울시 7급

ㄱ 주어는 성격에 따라 필요로 하는 문장 성분의 숫자가 다르다.
ㄴ 주어, 서술어, 목적어, 부사어는 주성분에 속한다.
ㄷ '물이 얼음으로 되었다.'의 문장성분은 주어, 부사어, 서술어이다.
ㄹ 부사어는 관형어나 다른 부사어를 수식하기도 한다.
ㅁ 체언에 호격조사가 결합된 형태는 독립어에 해당된다.
ㅂ 문장에서 주어는 생략될 수 있지만 목적어는 생략될 수 없다.

① ㄱ, ㄴ, ㄷ   ② ㄴ, ㄷ, ㄹ
③ ㄷ, ㄹ, ㅁ   ④ ㄹ, ㅁ, ㅂ

275 목적어

목적어의 형성	용례
체언+목적격 조사(을/를)	나는 과일을 좋아해
체언+보조사	나는 과일도 안 먹고, 과자만 잘 먹는다.
체언+보조사+목적격 조사	동생은 과일만을 좋아한다.
체언+(목적격 조사의 생략)	과일 좀 줘.

24 정답 및 해설
알맹이 노트 p. 74

24

밑줄 친 문장 성분 중 목적어가 아닌 것은?   2011 국가직 9급

① 이런 모습 상상해 보셨나요?
② 이 책은 아직까지 내가 읽은 적이 없다.
③ 정부는 이번 조치에서 세제 혜택만 강조하였다.
④ 시장과 군수는 관계 서류를 일반에게 공람시켜야 한다.

276 관형어와 부사어

관형어	부사어
① 관형사 ② 체언+관형격 조사(의) ③ 용언+관형사형 어미(ㄴ, ㄹ, 는, 던) ④ 관형절	① 부사 ② 체언+부사격 조사 ③ 용언+부사형 어미(게) ④ 부사절 ⑤ 접속부사

25
다음 〈보기〉 가운데 우리말의 관형어에 대한 설명으로 옳은 것을 모두 고르면?   2015 서울시 7급

〈보기〉
㉠ 관형어는 명사, 대명사, 수사와 같은 체언류를 꾸미는 문장 성분이다.
㉡ 명사는 그대로 관형어가 될 수 있다.
㉢ 동사나 형용사도 관형어가 될 수 있다.
㉣ 조사 '의'는 관형어를 만드는 중요한 격조사이다.

① ㉠, ㉡, ㉢, ㉣   ② ㉠, ㉢, ㉣   ③ ㉡, ㉢   ④ ㉡, ㉣

---

277 로마자 표기법 4+4 원칙

1. 전음법 (음운변화 인정)

① 자음동화
   백마[뱅마] Baengma, 왕십리[왕심니] Wangsimni
② ㄴ음 첨가
   학여울[항녀울] Hangnyeoul, 알약[알냑 → 알략] allyak
③ 구개음화
   해돋이[해도지] haedoji, 같이[가치] gachi
④ 자음축약(용언)
   좋고[조코] joko, 놓다[노타] nota

2. 전자법 (표기 그대로, 음운변화 인정하지 않음)

① 된소리되기
   울산[울싼] Ulsan, 압구정[압꾸정] Apgujeong
② 자음축약(체언)
   묵호[무코] Mukho, 식혜[시켸] sikhye
③ 이름의 음운변화 인정하지 않음(단, 음절의 끝소리규칙은 인정)
   한복남[한봉남] Han Boknam, 홍빛나[홍빈나] Hong Bitna
④ 붙임표 앞, 뒤의 음운변화 인정하지 않음
   세종로 Sejong-ro

278 두껍다, 두텁다

두껍다	두께, 정도, 짙게(안개) 예 • 지지층이 {두껍다(○), 두텁다(×)} • 안개가 {(두껍게(○), 두텁게(×)} 깔렸다
두텁다	마음, 관계 예 신앙이 {두껍다(×), 두텁다(○)}

279 호전현상 (ㄹ → ㄷ) (한글 맞춤법 제29항)

끝소리가 'ㄹ'인 말과 딴 말이 어울릴 적에 'ㄹ' 소리가 'ㄷ' 소리로 나는 것은 'ㄷ'으로 적는다.

예 숟(술)가락, 이튿(이틀)날, 섣(설)달, 반짇(바느질)고리, 잗(잘)다랗다, 푿(풀)소

26 정답 및 해설
알맹이 노트 p. 75

26

〈보기〉의 규정이 적용된 단어가 아닌 것은?   2018 경찰직 2차

〈보기〉
제29항 끝소리가 'ㄹ'인 말과 딴 말이 어울릴 적에 'ㄹ' 소리가 'ㄷ' 소리로 나는 것은 'ㄷ'으로 적는다.

예 삿진날[삼질+날]   숟가락[술+가락]

① 푿소   ② 여닫다   ③ 잗주름   ④ 섣부르다

280 언어유희(言語遊戲)

같은 말을 다른 뜻으로 사용하거나 동음이의어를 사용하여 해학성을 높이는 표현 방법. 말이나 문자를 소재로 한 말장난

예 시집(時執)살이 개집살이 〈시집살이요〉

예 서방인지 남방인지 걸인하나 내려온다. 〈춘향가〉

281 토의의 유형

1. 심포지엄 → 전문성, 전문가의 학술 강연, 청중과 질의응답 가능

예 • 대학 입시 제도의 개선방안
• 영산강, 경제 개발이냐 환경 보존이냐
• 해양을 이용한 세계 식량 문제 해결

2. 포럼 → 공공성, 공개토의, 공공문제

예 • 학교 주변의 유해 환경 대처 방안
• 군대에서의 우울증과 해소 방법

3. 패널 토의 → 대표성, 배심토의, 시사 논제의 전문적인 문제 해결

예 • 진주시 하천 공원의 조성 방안
• 초·중등학교에서 한자 교육 어떻게 해야 하나

4. 원탁 토의 → 평등성, 소규모 집단의 자유토의

예 학급 문고 설치 방안

282 사람을 나타내는 고유어 Best 20

01	가르친사위	시키는 대로만 하는 어리석은 사람
02	고삭부리	음식을 많이 먹지 못하는 사람
03	구나방	말이나 행동이 거칠고 예절이 없는 사람
04	궁도련님	부유한 집에서 자라나 세상의 어려운 일을 잘 모르는 사람을 비유적으로 이르는 말
05	대갈마치	온갖 어려운 일을 겪어서 아주 야무진 사람을 비유적으로 이르는 말
06	두루춘풍	누구에게나 좋게 대하는 일 또는 그런 사람을 비유적으로 이르는 말
07	만무방	예의나 염치가 없는 사람들의 무리
08	망석중	남이 부추기는 대로 따라 노는 사람
09	벽창호	고집이 세고 완고하고 우둔하여 말이 도무지 통하지 아니하는 무뚝뚝한 사람
10	반거들충이	무엇을 배우다가 중도에 그만두어 다 이루지 못한 사람≒반거충이
11	불목하니	절에서 밥을 짓고 물을 긷는 일을 맡아서 하는 사람
12	생무지	어떤 일에 익숙하지 못하고 서투른 사람
13	손방	아주 할 줄 모르는 솜씨≒문외한
14	아낙군수	늘 집 안에만 틀어박혀 있는 남자
15	책상물림	책상 앞에 앉아 글공부만 하여 세상일을 잘 모르는 사람을 낮잡아 이르는 말≒백면서생(白面書生)
16	천둥벌거숭이	철없이 두려운 줄 모르고 함부로 덤벙거리거나 날뛰는 사람을 비유적으로 이르는 말
17	가납사니	① 쓸데없는 말을 지껄이기 좋아하는 수다스러운 사람 ② 말다툼을 잘하는 사람
18	감바리	잇속을 노리고 약삭빠르게 달라붙는 사람
19	트레바리	까닭 없이 남의 말에 반대하기를 좋아하는 성격을 가진 사람
20	핫아비/핫어미	유부남/유부녀

283 '3, 4'의 단위어

3, 4	단위어	예
서, 너	돈, 말, 발, 푼	금 서 돈, 콩 서 말, 서 발 막대, 엽전 너 푼
석, 넉	냥, 섬, 되, 자, 장, 달	금 넉 냥, 벼 석 섬, 비단 넉 자, 시험지 석 장, 넉 달
세, 네	그 외	소고기 네 근, 강아지 세 마리

284 句 – 표준어규정 13항

구(句)	시구, 문구, 구절...
귀(句)	글귀(두 마디가 한 덩어리가 되게 지은 글), 귀글(글의 구와 절) – 2개 단어만 '귀'로 표기함

285 수미상관법

시의 처음과 끝에 동일하거나 유사한 시구를 배치하여 의미를 강조하고 시적형태의 안정감을 추구하는 시상 전개 방식이다.

> 모란이 피기 까지는,
> 나는 아직 나의 봄을 기다리고 있을 테요.
> 모란이 뚝뚝 떨어져 버린 날,
> 나는 비로소 봄을 여읜 설움에 잠길 테요.
> 오월 어느 날, 그 하루 무덥던 날,
> 떨어져 누운 꽃잎마저 시들어 버리고는
> 천지에 모란은 자취도 없어지고
> 뻗쳐오르던 내 보람 서운케 무너졌느니,
> 모란이 지고 말면 그뿐, 내 한해는 다 가고 말아,
> 삼백예순 날 하냥 섭섭해 우옵내다.
> 모란이 피기까지는,
> 나는 아직 기다리고 있을 테요, 찬란한 슬픔의 봄을.
>
> – 김영랑, 〈모란이 피기까지는〉

→ 모란에 대한 기다림을 표현하는 1~2행의 내용을 11~12행에서 반복하며 모란(소망)에 대한 기다림의 의지를 드러내고 있다. 이러한 수미상관의 구성은 소망의 간절함을 강조하는 한편, '소망 → 성취 → 상실 → 소망'이라는 삶의 순환 구조를 드러내는 데에도 기여하고 있다.

286 한글 맞춤법 30항 – 사이시옷의 표기

제30항 사이시옷은 다음과 같은 경우에 받치어 적는다.

1. 순우리말로 된 합성어로서 앞말이 모음으로 끝난 경우

① 뒷말의 첫소리가 된소리로 나는 것

고랫재	귓밥	나룻배	나뭇가지	냇가
댓가지	뒷갈망	맷돌	머릿기름	모깃불
못자리	바닷가	뱃길	볏가리	부싯돌
선짓국	쇳조각	아랫집	우렁잇속	잇자국
잿더미	조갯살	찻집	쳇바퀴	킷값
핏대	햇볕	혓바늘		

② 뒷말의 첫소리 'ㄴ, ㅁ' 앞에서 'ㄴ' 소리가 덧나는 것

멧나물	아랫니	텃마당	아랫마을	뒷머리
잇몸	깻묵	냇물	빗물	

③ 뒷말의 첫소리 모음 앞에서 'ㄴㄴ' 소리가 덧나는 것

도리깻열	뒷윷	두렛일	뒷일	뒷입맛
베갯잇	욧잇	깻잎	나뭇잎	댓잎

2. 순우리말과 한자어로 된 합성어로서 앞말이 모음으로 끝난 경우

① 뒷말의 첫소리가 된소리로 나는 것

귓병	머릿방	뱃병	봇둑	사잣밥
샛강	아랫방	자릿세	전셋집	찻잔
찻종	촛국	콧병	탯줄	텃세
핏기	햇수	횟가루	횟배	

② 뒷말의 첫소리 'ㄴ, ㅁ' 앞에서 'ㄴ' 소리가 덧나는 것

곗날	제삿날	훗날	툇마루	양칫물

③ 뒷말의 첫소리 모음 앞에서 'ㄴㄴ' 소리가 덧나는 것

가욋일	사삿일	예삿일	훗일

27~28 정답 및 해설

알맹이 노트 p. 75

27

다음은 사이시옷 규정의 일부이다. 이 조건에 부합하지 <u>않는</u> 것은? 2018 지방직 7급

> • 순우리말로 된 합성어로서 앞말이 모음으로 끝난 경우
> [1] 뒷말의 첫소리가 된소리로 나는 것
> [2] 뒷말의 첫소리 'ㄴ, ㅁ' 앞에서 'ㄴ' 소리가 덧나는 것
> [3] 뒷말의 첫소리 모음 앞에서 'ㄴㄴ' 소리가 덧나는 것
>
> • 순우리말과 한자어로 된 합성어로서 앞말이 모음으로 끝난 경우
> [1] 뒷말의 첫소리가 된소리로 나는 것
> [2] 뒷말의 첫소리 'ㄴ, ㅁ' 앞에서 'ㄴ' 소리가 덧나는 것
> [3] 뒷말의 첫소리 모음 앞에서 'ㄴㄴ' 소리가 덧나는 것

① 예삿일   ② 훗날   ③ 윗옷   ④ 냇가

28

사이시옷 표기의 일부이다. ㉠, ㉡, ㉢에 들어갈 단어가 바르게 연결된 것은? 2016 서울시 7급

> 제30항 사이시옷은 다음과 같은 경우에 받치어 적는다.
> 1. 순우리말로 된 합성어로서 앞말이 모음으로 끝난 경우
> (1) 뒷말의 첫소리가 된소리로 나는 것
>   고랫재 귓밥 (㉠)
> (2) 뒷말의 첫소리 ㄴ, ㅁ 앞에서 ㄴ 소리가 덧나는 것
>   뒷머리 아랫마을 (㉡)
> (3) 뒷말의 첫소리 모음 앞에서 ㄴㄴ 소리가 덧나는 것
>   도리깻열 뒷윷 (㉢)

	㉠	㉡	㉢
①	못자리	멧나물	두렛일
②	쳇바퀴	잇몸	훗일
③	잇자국	툇마루	나뭇잎
④	사잣밥	곗날	예삿일

287 훈민정음(訓民正音)의 문자 운용법

1. 이어쓰기 [연서법(連書法)]

ㅸ, ㆄ, ㅹ, ㅱ을 설명한 것으로, 순음 아래에 'ㅇ'을 이어서 순경음을 만드는 글자 운용법이다. 현실 음운으로서 우리말에 표기된 것은 'ㅸ'뿐이다.
① 'ㅸ'은 순수 국어에 사용되었고, 'ㆄ, ㅱ, ㅹ'은 한자음 표기에 사용되었다.
② 세종과 세조 당시의 표기에만 사용되고 현대 국어에는 사용되지 않는다.

2. 나란히 쓰기 [병서법(竝書法)]

초성이나 종성을 합하여 쓸 때 옆으로 나란히 쓰라는 글자 운용법이다.
① 합용 병서: 서로 다른 자음을 나란히 쓰는 것 예 ㅺ, ㅲ, ㅽ, ㅳ 등
② 각자 병서: 서로 같은 자음을 나란히 쓰는 것 예 ㄲ, ㄸ 등

3. 붙여 쓰기 [부서법(附書法)]

자음에 모음을 합하여 한 글자가 되도록 붙여 쓰는 글자 운용법이다.
① 우서법(右書法): 자음의 오른쪽에만 모음(ㅣ, ㅏ, ㅓ, ㅑ, ㅕ 등)을 붙이는 것
② 하서법(下書法): 자음의 아래쪽에만 모음(·, ㅡ, ㅗ, ㅜ, ㅛ, ㅠ 등)을 붙이는 것

4. 음절 이루기 [성음법(聲音法)]

초성과 중성이 어울려야만 음절이 이루어진다는 글자 운용법이다. 음소(음운) 문자로 만들었지만 실제 사용은 음절 문자처럼 사용하였다.

5. 성조 표시(좌가점(左加點))

소리의 높낮이를 표시하기 위하여 각 음절의 왼쪽에 점을 찍어 표시한 것을 말한다. '방점, 좌가점, 점찍기'라고도 한다. 사성점은 16세기 말에 소멸되었지만, 이후 상성은 현대 국어의 장음(長音)으로 바뀌었다.

종류	방점	소리의 특성
평성(平聲)	없음	처음과 끝이 한결같이 부드럽고 낮은 소리
상성(上聲)	2점	처음은 낮으나 끝이 들려서 높은 소리
거성(去聲)	1점	처음과 끝이 한결같이 높은 소리
입성(入聲)	없음, 1점, 2점	안울림소리로 끝나 끝 닫는 소리

288 사숙, 사사

사숙(私淑, 맑을 숙)	직접 가르침을 받지 않았으나 마음속으로 본받음
사사(師事)	직접 가르침을 받음 (※사사하다(○), 사사받다(×)) 예 교수님께서 피아노를 직접 <u>사숙</u>(×)했다. └, 사사

289 음운 변동 현상의 유형

교체(대치)	음절의 끝소리 규칙, 된소리되기
동화	자음동화(비음화, 유음화), 구개음화 * 동화는 넓은 의미로는 교체에 포함됨
축약	자음축약(거센소리되기), 모음축약
탈락	자음 탈락, 모음 탈락, 자음군 단순화(겹받침의 대표음 발음)
첨가	사잇소리 현상, ㄴ음 첨가, l모음 순행동화(반모음 첨가)

29 정답 및 해설

알맹이 노트 p. 75

29

국어의 음운 현상에는 아래의 네 가지 유형이 있다. 〈보기〉의 ㈎와 ㈏에 해당하는 음운 현상의 유형을 순서대로 고르면?

2015 서울시 9급

㉠ XAY → XBY(대치) ㉡ XAY →XØY(탈락) ㉢ XØY → XAY(첨가) ㉣ XABY → XCY(축약)

〈보기〉
솥+하고 → [솓하고] → [소타고]
　　　　　　(가)　　　　(나)

① ㉠, ㉡　　　　　② ㉠, ㉣　　　　　③ ㉡, ㉢　　　　　④ ㉣, ㉡

30

〈자료〉의 (가)와 (나)가 옳게 짝지어진 것은?

2015 기상직 7급

(가) 음운의 변동 양상
  ㉠ 어떤 음운이 음절의 끝 위치에서 다른 음운으로 바뀌는 현상
  ㉡ 한 음운이 인접하는 다른 음운의 성질을 닮아가는 현상
  ㉢ 두 음운이 하나의 음운으로 결합하거나 어느 하나가 없어지는 현상

(나) 예시
  ⓐ 촛불, 나뭇집   ⓑ 닫는, 찰나
  ⓒ 좋고, 많다   ⓓ 바깥, 부엌

	㉠	㉡	㉢
①	ⓐ	ⓓ	ⓑ
②	ⓑ	ⓒ	ⓐ
③	ⓒ	ⓐ	ⓑ
④	ⓓ	ⓑ	ⓒ

290 〜노라고, 〜느라고

〜노라고(〜한다고)	최선을 다한 자신의 행동 예 하노라고 한 게 이 모양이다.
〜느라고(〜하는 것으로 인해)	이유, 원인 예 공부하느라고 밤을 새웠다. 혜리는 웃음을 참느라고 힘들었다.

291 으름장, 천생, 비비다

1.
> 가만있지 않겠다고 <u>으름짱</u>(×)을 놓았다.
>   └ 으름장(말과 행동으로 위협하는 짓)

예 으름짱(×), 얼음장(×), 으름장(○)

2.
> <u>천상</u>(×) 다음 주나 돼야 일이 될 것 같다.
>   └ <u>천생</u>(天生) ([부사]이미 정해진 것처럼 어쩔 수 없이)

3.
> 서로 몸을 <u>부비며</u>(×) 추위를 이겨냈다.
>   └ 비비며

예 부비다(×), 비비다(○) – 맞대어 문지르다.

292 대유법

* 대유법: 대신 비유

1. 제유법

어느 사물의 일부분으로 전체를 나타내는 수사 기법이다.
예 인간은 <u>빵</u>만으로는 살 수 없다. (빵 → 먹을 것)

2. 환유법

사물의 속성, 기호, 이름, 상표 등을 들어 그 전체를 나타내는 수사 기법이다.
예 • 무궁화 삼천리 → 우리나라, 백의 천사 → 간호사, 청와대 → 대통령, 여의도 → 국회,
별 → 장군, 코쟁이 → 서양사람, 사각모 → 대학생, 빨갱이 → 공산주의자
  • <u>펜</u>은 <u>칼</u>보다 강하다 → 펜: 문력(文力), 칼: 무력(武力)
  • 달빛을 타고 아련히 파고드는 <u>브람스</u> → 브람스의 작품들 전체를 대신

293 ▶ 사동문

1. 사동문의 종류

① 파생적 사동(파생동사): 주동사 어간에 사동 접미사 '-이-, -히-, -리-, -기-, -우-, -구-, -추-'가 붙어 실현된다.

　　예 속다: 속이다, 익다: 익히다, 알다: 알리다, 맡다: 맡기다, 낮다: 낮추다

② 통사적 사동: 연결어미 '-게'에 보조용언 '하다'가 붙어 '-게 하다'로 실현된다.

　　예 • 먹다: 먹게 하다

　　　• 가다: 가게 하다

* 파생적 사동
　= 단형 사동
* 통사적 사동
　= 장형 사동

2. 주동문과 사동문의 대응

① 주동사가 형용사 또는 자동사인 경우: 주동문 주어 → 사동문의 목적어

　　예 길이 넓다. → 사람들이 길을 넓힌다.

② 주동사가 타동사인 경우: 주동문 주어 → 사동문의 부사어, 주동문 목적어→사동문의 목적어, 새로운 사동문의 주어 도입

　　예 철수가 책을 읽었다. (주동)

　　　→ 어머니가 철수에게 책을 읽히셨다. (파생적 사동)

　　　→ 어머니가 철수에게 책을 읽게 하셨다. (통사적 사동)

31 정답 및 해설
알맹이 노트 p. 75

31

다음 중 〈보기〉에 대한 이해로 적절하지 <u>않은</u> 것은?　　　　　2016 서울시 9급

〈보기〉		
주동문	㉠ 아이가 밥을 먹었다. ↓	㉢ 마당이 넓다. ↓
사동문	㉡ 어머니가 아이에게 밥을 먹게 하였다	㉣ 인부들이 마당을 넓혔다.

① ㉡, ㉣을 보니, 사동문에는 두 가지 유형이 있군.

② ㉡, ㉣을 보니, 주동문의 주어는 사동문에서 다른 문장 성분으로 나타날 수 있군.

③ 〈보기〉를 보니, 동사만 사동화될 수 있군.

④ 〈보기〉를 보니, 주동문을 사동문으로 바꾸면 서술어의 자릿수가 변화할 수 있군.

294 주요 속담 Best 10

01	파방(파장)에 수수엿 장수	기회를 놓쳐 별 볼일 없다.
02	부처님 가운데 토막	성질이 온순하고 마음이 어진 사람을 비유하는 말
03	삼밭에 쑥대	좋은 환경에서 자란 사람은 그 환경의 영향을 받아 품행이 단정해진다는 뜻 = 마중지봉(麻中之蓬)
04	서 발 막대 거칠 것이 없다	너무 가난하여 집안에 세간이 아무것도 없다.
05	수양산 그늘이 강동 팔십 리를 간다	수양산 그늘진 곳에 아름답기로 유명한 강동 땅 팔십 리가 펼쳐졌다는 뜻으로, 어떤 한 사람이 크게 되면 친척이나 친구들까지 그 덕을 입게 됨을 비유적으로 이르는 말
06	달걀 지고 성(城) 밑으로 못 가겠다	무슨 일을 지나치게 두려워하며 걱정하는 사람을 두고 하는 말 = 기우(杞憂)
07	돼지우리에 주석 자물쇠	격에 맞지 않게 지나친 치장을 한다는 말 = 가게 기둥에 입춘, 개발에 주석 편자, 짚신에 국화 그리기
08	떼어 놓은 당상	떼어 놓은 당상이 변하거나 다른 데로 갈 리 없다는 데서, 일이 확실하여 조금도 틀림이 없음을 이르는 말
09	미꾸라지가 모래 쑤신다	무슨 일을 했거나 어떤 일이 있었는데 전혀 흔적이 보이지 않는다.
10	봄볕은 며느리가 맞게 하고 가을볕은 딸에게 맞게 한다	선선한 가을볕에는 딸을 쬐이고 살갗이 잘 타고 거칠어지는 봄볕에는 며느리를 쬐인다는 뜻으로, 시어머니는 며느리보다 제 딸을 더 아낌을 비유적으로 이르는 말이다.

295 우리말과 한자어의 대응에서 한자어가 높임을 나타내는 어휘

우리말	한자어(높임)	우리말	한자어(높임)
집	댁	남의 형	백씨
술	약주	남의 장인	빙장어른
생일	생신	남의 장모	빙모
나이	연세, 춘추	남의 삼촌	완장(어른)
이름	성함, 함자, 존함	남의 아들	영식, 영윤, 영랑
이빨	치아	남의 딸	영애, 영양, 영교
남의 아우	계씨		

296 심술깨나, 눈썰미, 거저

1.

얼굴을 보니 심술꽤나(×) 부리겠더구나
└, 심술깨나(보조사)

2.

어휘 풀이
• 눈맵시: 눈이 생긴 모양새
• 눈썰미: 한두 번 보고 그대로
해내는 능력

그는 눈맵시(×)가 있어서 무슨 일이든 금방 배운다.
└, 눈썰미

3.

돌잔치에 그저(×) 갈 수는 없다. 내가 읽던 책을 거저 줄 테니, 넌 공부나 열심히 해.
└, 거저(아무것도 가지지 않고 빈손으로, 아무런 노력이나 대가 없이)

297 보조사가 결합된 문장성분

보조사가 결합된 문장성분은 격조사를 대입하여 파악한다.

예 • 혜리는 책을 읽었다. (혜리는 → 혜리가: 주어)
• 혜리가 치킨부터 먹었다. (치킨부터 → 치킨을: 목적어)
• 그는 인간도 아니야. (인간도 → 인간이: 보어)
• 그는 나에게 맹물만 주었다. (맹물만 → 맹물을: 목적어)
• 그 사람 말은 사실도 아니었다. (사실도 → 사실이: 보어)

298 나이를 나타내는 어휘

나이	나타내는 말
10	충년(沖年)
15	지학(志學)
16	과년(瓜年)(여) (八＋八) ※ 과년(남) 64세(은퇴) (八×八)
20	약관(弱冠)(남), 방년(芳年)·묘령(妙齡)(여)
30	이립(而立)
32	이모(二毛之年: 흰머리가 나기 시작)
40	불혹(不惑)
48	상년(桑年: 十十十十八)
50	지천명(知天命)
60	이순(耳順)
61	환갑(還甲), 회갑(回甲)
62	진갑(進甲)
70	고희(古稀), 종심(從心)
77	희수(喜壽)
88	미수(米壽)
99	백수(白壽)
100	상수(上壽), 기이지수(其＝100)

정답 ④

알맹이 예제

※ 다음 중 가장 많은 나이는?

① 이순(耳順)   ② 불혹(不惑)   ③ 희수(稀壽)   ④ 미수(米壽)

299 날짜를 나타내는 어휘

그끄제 ←	그제 ←	어제 ←	오늘	→ 내일 →	모레 →	글피 →	그글피
그끄저께	그저께	작일	금일	명일, 익일	내내일		
−3	−2	−1	0	+1	+2	+3	+4

※ 엊그제, 어제그저께, 엊그저께: 바로 며칠 전

알맹이 예제

※ 그저께 본 사람을 5일 뒤에 (   )에 만나기로 했다.

① 내일   ② 모레   ③ 글피   ④ 그글피

정답 ③

300 고시조 Best 5

1.

首陽山(수양산) 바라보며 夷齊(이제)를 恨(한) ㅎ노라.
주려 주글진들 採薇(채미)도 ㅎ 눈것가.
비록애 푸새엣 거신들 긔 뉘 짜헤 낫ᄃ니.   − 성삼문

- 감상: 은나라의 충신 백이와 숙제가 주 무왕에 항거하며 주나라 땅의 고사리를 캐 먹은 사실을 비판함으로써, 자신의 절의를 강조하였다.
- 주제: 굳은 절의와 지조
- 표현: '수양산'이 산과 '수양 대군'을 동시에 가리키는 중의법이 사용되었다.

알맹이 이론

중의적 표현
표면적으로는 '백이'와 '숙제'의 행위에 대한 평가를 제시하면서 내면적으로는 사소한 타협조차 용납하지 않겠다는 시적 화자의 의지를 나타내고 있다.

2.

어와 棟樑材(동량재)를 뎌리ㅎ야 어이홀고.
헐쓰더 기운 집의 의논도 하도 할샤.
뭇 지위 고ᄌ 자 들고 헤쓰다가 말려니.   − 정철

• 감상: 당쟁으로 인하여 기울어 가는 나라에 대한 염려를, 집을 짓는 것에 비유하여 노래하였다.
• 주제: 인재를 등용하여 나라를 흥성하게 하려는 우국충정
• 표현: 적절한 비유를 통해 어지러운 나라 형편에서 당쟁에 몰두하는 세력들을 풍자하였다.

3.
> 두터비 ㅍ리를 물고 두험 우희 치드라 안자
> 건넌 山(산) ㅂ라보니 白松骨(백송골) 써 잇거늘 가슴이 금즉ㅎ여 풀덕 쮜여
> 내드다가 두험 아래 쟛바지거고
> 모쳐라, 늘낸 낼싀만졍 에헐질 번ㅎ괘라.   – 작자 미상

• 감상: 두꺼비를 의인화하여 약육강식(弱肉强食)하는 양반들의 허세와 비굴함을 풍자하였다.
• 주제: 양반들의 허세 풍자
• 표현: 약자 위에 군림하고 강자 앞에 비굴한 양반을 희화화하였다. 초·중장은 서술자의 목소리지만, 종장은 두꺼비의 목소리라는 점에서 시점이 바뀌었다.

알맹이 이론

상징과 풍자의 구조
'두꺼비'가 부패한 하급 관리 또는 지방 관리를 상징한다면 '파리'는 그들에게 수탈당하는 힘없는 백성을, '백송골'은 상급 관리 또는 중앙 관리를 상징한다고 볼 수 있다. 그러나 조선 후기 사회상을 염두에 둘 때는 달리 생각해 볼 수도 있다. 즉, '두꺼비'는 지배 계층인 양반으로서 약자인 일반 서민(파리) 위에 군림하지만 몰려드는 강한 외세(백송골) 앞에서는 비굴하게 달아나는 풍자의 대상으로 볼 수 있다. 두꺼비는 도망가려다 실수를 하고도 자기 합리화를 꾀하며 허세를 부리는 장면에서 극적으로 희화화되고 있다.

4.
> 굼벙이 매암이 되야 ㄴ래 도쳐 ㄴ라 올라,
> 노프나 노픈 남게 소리ㄴ 죠커니와,
> 그 우희 거믜줄 이시니 그를 조심ㅎ여라.   – 작자 미상

• 감상: 굼벵이가 매미가 되어 높은 나무에 올라가 실컷 울지만 언제 거미줄에 걸려 죽을지 모르니 조심하라는 내용으로서, 우의적 수법을 통해 벼슬살이의 험난함을 경계하고, 기고만장하는 벼슬아치를 풍자하고 있다.
• 주제: 벼슬아치의 험난함 경계
• 표현: 사람에 대한 교훈을 동식물에 빗대어 우의적으로 표현하였다.

알맹이 이론

소재의 상징적 의미
'굼벵이와 매미'는 각각 '미관말직(微官末職)'과 '고관대작(高官大爵)'을 상징하는 것이라 할 수 있다. 그러면 '높은 나무'는 '높은 지위'를, 소리를 지르는 행위는 '부귀 영달의 구가(謳歌)'로 볼 수 있다.

5.

> 귓도리 져 귓도리 에엿부다 져 귓도리,
> 어인 귓도리 지는 둘 새는 밤의 긴 소리 쟈른 소리 節節(절절)이 슬픈 소리 제 혼자 우러 녜어 紗窓
> (사창) 여왼 줌을 술쓰리도 씨오는고야.
> 두어라 제 비록 微物(미물)이나 無人洞房(무인동방)에 내 쯧 알 리는 저 쭌인가 ᄒ노라.
>
> – 작자 미상

- 감상: 가을밤에 임에 대한 그리움으로 잠 못 이루는 여인의 애절한 외로움을 그려 내고 있다.
- 주제: 독수공방의 외로움
- 표현: 임을 향한 그리움을 '귀뚜라미'에 의탁하여 표현하는 감정 이입의 수법을 사용함으로
  써 동병상련을 느끼게 하였다.

반어적 표현
임을 그리워하다 지쳐 잠이 든 시적 화자를 귀뚜라미가 울어 깨우는 것을 '알뜰히도' 깨운다고 긍정적으로 표현한 것은
시적 화자의 심정과는 거리가 있다. 오히려 '얄밉게도 깨우는구나.'라고 하는 것이 상황에 적합한 표현일 것이다. 바로
이런 점에서 '솔 쓰리도'는 반어적 표현에 해당한다.

---

301 ▷ 동사와 형용사의 구별 – 형용사의 제약

1. 현재 시제 종결어미('-는다/-ㄴ다'), 명령형 어미, 청유형 어미를 사용할 수 있으면 동사, 그 렇지 않으면 형용사이다.

- 예
  - 책을 읽는다.(○), 책을 읽어라.(○), 책을 읽자.(○) → '읽다'는 동사
  - 그대가 아름답는다.(×), 그대가 아름다워라.(×), 그대가 아름답자.(×)
    → '아름답다'는 형용사

2. 의도('-려')와 목적('-러')의 어미를 사용할 수 있으면 동사, 그렇지 않으면 형용사이다.

- 예
  - 그녀가 떠나지 못하게 잡으려 한다.(○) → '잡다'는 동사
  - 오늘도 마음이 즐거우려 한다.(×) → '즐겁다'는 형용사
  - 책을 읽으러 도서관에 간다.(○ → '읽다'는 동사
  - 얼굴이 아름다우러 병원에 간다.(×) → '아름답다'는 형용사

3. 관형사형 어미 '-는/-(으)ㄴ'을 모두 쓸 수 있으면 동사이고, '-(으)ㄴ'만 쓸 수 있으면 형용 사이다.

필기 요약 333 테마 **205**

예 • 맞는 답(○) / 맞은 답(○) → '맞다'는 동사
　　• 알맞는 크기(×) / 알맞은 크기(○) → '알맞다'는 형용사
　　• 걸맞는 양식(×) / 걸맞은 양식(○) → '걸맞다'는 형용사

4. 진행의 '–고 있다'를 사용할 수 있으면 동사이고, 그렇지 않으면 형용사이다.

예 • 책을 읽고 있다.(○) → '읽다'는 동사
　　• 기분이 즐겁고 있다.(×) → '즐겁다'는 형용사

302 축배를 들다

어휘 풀이
• 축배(祝杯, 잔 배): 축하의 술잔

> 축배를 <u>터뜨리며</u>(×) 함께 우승의 기쁨을 나누었다.
> 　　　└ 들며

※ 축포를 터뜨리며(○)

303 난이도

• 난이도(難易度): 어렵고 쉬움
　의 정도

> 이번 시험은 <u>난이도</u>(×)가 높다
> 　　　　　└ 난도

예 난이도가 있다.(○), 난이도를 조정하다.(○), 난도가 높다.(○)

304 애환

• 애환(哀歡): 슬픔과 기쁨

> 수재민들의 <u>애환</u>(×)을 위로하였다.
> 　　　　└ 슬픔

305 ▶ 와중

독서실에서 공부하는 <u>와중</u>(×)에 전화벨이 울렸다.
                    └ 도중에

어휘 풀이
• 와중(渦中, 소용돌이 와): 시끄러운 가운데

306 ▶ 접수, 제출

내는 것	받는 것
제출	접수
납부	수납

대학에 가려고 원서를 <u>접수</u>(×)하다.
              └ 제출
	월급을 받아서 공과금을 <u>수납</u>(×)하다.
	              └ 납부

• 접수(接受): 받는 것
(※ 受 받을 수 授 줄 수)

307 ▶ 벗어지다, 벗겨지다

벗어지다	외부의 힘 작용×, 머리털/털이 빠지다.
벗겨지다	외부의 힘 작용○, 떼어지다, 떨어지다.

예 • 신발이 꽉 끼어서 잘 <u>벗겨지지</u> 않는다.
   • 신발이 커서 자꾸 <u>벗어진다</u>.
   • 요즘 머리가 <u>벗겨져서</u>(×) 고민이다.
           └ 벗어져서

308 멀지 않아/머지않아, 이따가/있다가

1.

멀지∨않아	공간적(가까운 장소)
머지않아	시간적(가까운 미래)

예 멀지 않아(×) 시험이 다가온다.
└▸ 머지않아

2.

있다가	공간적(머물다)
이따가	시간적(조금 후에)

예 • 커피는 이따가 밥 먹고 나서 마시자.
• 비가 내리니까 여기에 좀 더 있다가 출발하는 것이 어때?

309 깔보다, 깐보다

깐보다	마음속으로 가늠하다, 속을 떠보다.
깔보다	얕잡아 보다.

예 어리다고 깐보다(×)가는 큰코다친다.
└▸ 깔보다

310 ▶ 표준발음 중요 단어

표기	표준발음
[01] 늴리리, 닁큼, 무늬, 희망	[01] [닐리리], [닝큼], [무니], [히망]
[02] 주의, 우리의, 협의	[02] [주의/주이], [우리의/우리에], [혀븨/혀비]
[03] 봐, 겨, 돼, 둬, 해	[03] [봐ː], [겨ː], [돼ː], [둬ː], [해ː]
[04] 와, 져, 쪄, 쳐	[04] [와], [저], [쩌], [처]
[05] 감기다, 꼬이다, 밟히다	[05] [감기다], [꼬이다], [발피다]
[06] 여덟, 넓다, 외곬, 핥다	[06] [여덜], [널따], [외골], [할따]
[07] 밟다, 밟게	[07] [밥ː따], [밥ː께]
[08] 넓죽하다, 넓둥글다	[08] [넙쭈카다], [넙뚱글다]
[09] 닭, 흙과, 맑다, 늙지	[09] [닥], [흑꽈], [막따], [늑찌]
[10] 읊고, 읊다	[10] [읍꼬], [읍따]
[11] 맑게, 묽고, 얽거나	[11] [말께], [물꼬], [얼꺼나]
[12] 옷 한 벌, 낮 한 때, 꽃 한 송이, 숱하다	[12] [오탄벌], [나탄때], [꼬탄송이], [수타다]
[13] 밭 아래, 늪 앞, 젖어미, 맛없다	[13] [바다래], [느밥], [저더미], [마덥따]
[14] 겉옷, 헛웃음, 꽃 위	[14] [거돋], [허두슴], [꼬뒤]
[15] 맛있다, 멋있다	[15] [마싣따/마딛따], [머싣따/머딛따]
[16] 넋 없다, 닭 앞에, 값어치, 값있는	[16] [너겁따], [다가페], [가버치], [가빈는]
[17] 옷맵시, 젖멍울, 꽃망울, 있는	[17] [온맵씨], [전멍울], [꼰망울], [인는]
[18] 담력, 침략, 강릉, 항로, 대통령	[18] [담ː녁], [침ː냑], [강능], [항ː노], [대ː통녕]
[19] 광한루, 대관령	[19] [광ː할루], [대ː괄령]
[20] 의견란, 임진란, 생산량, 결단력	[20] [의ː견난], [임ː진난], [생산냥], [결딴녁]
[21] 공권력, 동원령, 상견례, 횡단로	[21] [공꿘녁], [동ː원녕], [상견녜], [횡단노]
[22] 이원론, 입원료, 구근류	[22] [이ː원논], [이붠뇨], [구근뉴]
[23] 넓게, 핥다, 훑소, 떫지	[23] [널께], [할따], [훌쏘], [떨ː찌]
[24] 허허실실, 절절하다	[24] [허허실실], [절절하다]
[25] 이죽이죽, 야금야금	[25] [이중니죽/이주기죽], [야금냐금/야그먀금]
[26] 검열, 금융	[26] [검ː녈/거ː멸], [금늉/그륭]
[27] 냇가, 샛길, 빨랫돌	[27] [내ː까/낻ː까], [새ː낄/샏ː낄], [빨래똘/빨랟똘]
[28] 콧등, 깃발, 대팻밥	[28] [코뜽/콛뜽], [기빨/긷빨], [대ː패빱/대ː팯빱]
[29] 콧날, 아랫니, 뱃머리	[29] [콛날 → 콘날], [아랟니 → 아랜니], [밷머리 → 밴머리]
[30] 깻잎, 나뭇잎, 베갯잇, 뒷윷	[30] [깬닙], [나문닙], [베갠닏], [뒨ː뉻]

311 ▶ 한글 맞춤법 제34항

ㅐ, ㅔ + 어 → ㅐ, ㅔ로 줄여 쓸 수 있다.

예
- 날씨가 개어서(→ 개서)
- 설레었다(→ 설렜다)
- 마음이 설레어(→ 설레)
- 돈을 세어 보았다.(→ 세)

312 아는 척(체), 알은척(체)

초등학교 동창인 그녀는 나를 보더니 얼른 다가와 아는 척(×)했다.
　　　　　　　　　　　　　　　　　　　　└, 알은척

313 된소리 표기가 표준어인 경우와 아닌 경우

○(된소리)	×(예사소리)	×(된소리)	○(예사소리)
깔때기	깔대기	깡소주	강소주
짝짜꿍	짝짜궁, 짝짝꿍	꺼꾸로	거꾸로
어쭙잖다	어줍잖다	꼽사등이	곱사등이
꼽사리	곱사리	꼼장어	곰장어, 먹장어
어물쩍	어물적	붓뚜껑	붓두껍
떠들썩	떠들석	애띠다	앳되다
눈꺼풀/눈까풀	눈거풀	짱아찌	장아찌
껄떡거리다	껄덕거리다	쭈꾸미	주꾸미
꼽추	곱추	마늘쫑	마늘종
		쪽집게	족집게
		쪽제비	족제비
		쪽두리	족두리
		쫄병	졸병

314 거센소리 표기가 표준어인 경우와 아닌 경우

1.

○(거센소리)	×(예사소리, 된소리)
찌푸리다	지뿌리다
해코지	해꼬지
부리나케	부리나게

2.

×(거센소리)	○(예사소리, 된소리)
널판지	널빤지
먼지털이, 재털이	먼지떨이, 재떨이
착찹하다	착잡하다
흐리멍텅	흐리멍덩
무릎쓰다	무릅쓰다
저녁	저녁

3.

○(거센소리)	○(예사소리, 된소리)
후텁지근	후덥지근
텁수룩하다	덥수룩하다

* 후텁지근 - 무더위
  후덥지근 - 더위

315 서술어의 자릿수

서술어는 그 성격에 따라서 필요로 하는 문장 성분 개수가 다른데, 이를 서술어의 자릿수라고 한다.

1. 한 자리 서술어

주어+서술어(주어 하나만을 필요로 하는 것)
예 • 그녀는 예뻤다. (주어 필요 - 형용사)
   • 개나리가 피었다. (주어 필요 - 자동사)

2. 두 자리 서술어

주어 외에 또 다른 하나의 성분을 필요로 하는 것

① 주어+목적어+서술어

> 타동사: 목적어 필요

예 나는 연극을 <u>보았다</u>. (주어, 목적어 필요)

② 주어+보어+서술어

> '되다'(동사), '아니다'(형용사): 보어 필요

예 물이 얼음이 <u>된다</u>. (주어, 보어 필요)

③ 주어+(필수적)부사어+서술어

> 대칭 서술어: '같다, 다르다, 만나다, 닮다, 비슷하다, 마주치다, 부딪치다, 싸우다, 악수하다
> → 부사어 필요

예 우정은 보석과 <u>같다</u>. (주어, 부사어 필요)

3. 세 자리 서술어

주어를 포함해서 세 성분을 필요로 하는 것

① 주어+(필수적)부사어+목적어+서술어 〈~에게 ~을〉

> 수여 동사: 얹다, 넣다, 주다, 드리다, 바치다, 보내다, 가르치다 등

예 할아버지께서 우리들에게 세뱃돈을 <u>주셨다</u>. (주어, 부사어, 목적어 필요)

② 주어+목적어+(필수적)부사어+서술어 〈~을 ~에게, ~을 ~로〉

> '삼다'류의 동사: 삼다, 여기다, 간주하다, 만들다 등

예 • 아버지는 딸을 끔찍하게 <u>여긴다</u>. (주어, 목적어, 부사어 필요)
  • 그는 나를 제자로 <u>삼았다</u>(주어, 목적어, 부사어 필요)

316 ▶ 대화의 원리

1. 협력의 원리

대화 참여자가 대화의 목적에 성공적으로 도달하기 위해 지켜야 하는 것

① 양의 격률: 대화의 목적에 필요한 만큼의 정보를 제공하라.

② 질의 격률: 타당한 근거를 들어 진실을 말하라.

③ 관련성의 격률: 대화의 목적이나 주제와 관련된 것을 말하라.

④ 태도의 격률: 모호성이나 중의성이 있는 표현을 하지 말며, 간결하고 조리 있게 말하되, 언어 예절에 맞게 말하라.

민희: 효진이가 어디 사는지 아는 사람?	
양의 격률 위배	수정: 대한민국 서울시 동작구 상도동 ○○빌라 ○○○호에 살아.
질의 격률 위배	민주: (알고 있으면서) 잘 몰라.
관련성의 격률 위배	경희: 그 이기적인 효진이? 효진이는 자기밖에 몰라. 나는 그런 애가 제일 싫더라.
태도의 격률 위배	현주: 신대방동이랑 대방동 사이에서 지하철 타려고 서 있던데……. 대방동 옆 상도동에 이모가 산대.

2. 공손성의 원리

상대방에게 공손하지 않은 표현을 최소화하고 공손한 표현을 최대화하는 것

① 요령의 격률: 상대방에게 부담이 되는 표현은 최소화하고, 이익을 극대화하는 것

- 갑: 거기서 가만있지 말고 이 짐 좀 옮겨라.
- 을: 미안하지만 손 좀 잠깐 빌려줄 수 있겠니? 이것만 옮기면 되는데 힘에 좀 부치는구나.

→ '갑'은 요구 사항을 직접 전달하여 청자에게 상당한 부담감을 준다. 그러나 '을'은 청자의 입장을 충분히 배려하면서 도움을 청하는 내용의 말을 간접적이고 우회적인 방법으로 표현하고 있다. 또한 질문의 형식을 취함으로써 상대방에게 거절할 수 있는 선택의 여지를 허용하여 상대방의 부담을 최소화하고 있다.

② 관용의 격률: 화자 자신에게 혜택을 주는 표현을 최소화하고, 자신의 부담을 주는 표현을 최대화하는 것

- 갑: 좀 크게 말하세요. 하나도 안 들려요.
- 을: 제가 귀가 안 좋아서 그러는데 죄송하지만 조금만 더 크게 말씀해 주시겠어요?

→ '갑'은 상대방이 말을 작게 해서 잘 듣지 못했음을 전제로 하여 상대방에게 못 들은 책임을 떠넘기고 있다. 이는 상대방의 기분을 상하게 할 수 있는 무례한 표현이다. 이에 비해서 '을'은 못 들은 책임을 자신의 나쁜 청력 탓으로 돌려서 화자 자신의 부담을 최대화하는 정중한 표현을 사용하였다.

③ 찬동(칭찬)의 격률: 다른 사람에 대한 비방을 최소화하고, 칭찬을 극대화하는 것

> • 손님: 집이 참 좋네요. 구석구석 어쩌면 이렇게 정돈이 잘되어 있는지……. 사모님 살림 솜씨가 대단하신데
> 요. 김 선생님은 좋으시겠어요. 이렇게 훌륭한 부인과 함께 사시니…….
> • 집주인: 뭘요. 그렇게 말씀해 주시니 고맙습니다.

→ 손님의 발화는 집들이 초대에 감사하는 인사로 안주인의 깔끔한 살림 솜씨를 최대화하여 찬동의 격률을 지키고 있는 정중한 표현이다.

④ 겸양의 격률: 자신에 대한 칭찬은 최소화하고, 비방을 극대화하는 것

> • 김 교수: 박 교수는 언제나 열심히군. 토요일도 없이 말이야. 대단해요.
> • 박 교수: 아닙니다. 워낙 게을러서 일을 제때 못해서 할 수 없이 나온 것뿐이랍니다.

→ 박 교수는 자신을 추켜세우는 김 교수의 칭찬을 부정하고 자신을 낮춤으로써 겸양의 격률을 지키고 있다. 그러나 정도에 지나치게 상대방의 칭찬을 부정하거나 자신을 무분별하게 깎아 내리는 것도 바람직하지는 않으므로 그 적당한 수준을 고려하여 겸양의 격률을 지킬 필요가 있다.

⑤ 동의의 격률: 자신의 의견과 다른 사람의 의견 사이의 다른 점을 최소화하고 일치점을 극대화하는 것

> • 시윤: 정윤아, 우리 날씨도 좋은데 놀이공원이나 갈래?
> • 정윤: 놀이공원? 좋지. 재미있겠다. 근데 나 뮤지컬 초대권 2장 있는데 오늘이 마지막 날이라서……. 뮤지컬
> 보러 가는 것도 괜찮은데…….
> • 시윤: 그래? 그러면 뮤지컬 보러 가지 뭐. 놀이공원은 다음에 가도 되니까.

→ 두 사람은 서로 다른 의견을 가지고 있지만 갈등이나 대립은 전혀 찾아볼 수 없다. 일단 상대방의 의견을 존중해 줌으로써 상대방과의 일치를 강조하고 나서 자신의 견해를 제시하는 동의의 격률을 지키고 있기 때문이다.

32

다음에서 설명한 '겸양의 격률'을 사용한 대화문은?   2017 국가직 7급

> '공손성의 원리'는 대화 참여자들 사이에서 공손하고 예의 바르게 말을 주고받는 태도를 중시하는 이론이다. 이
> 원리는 '요령', '관용', '찬동', '겸양', '동의'의 격률로 구성되어 있는데, 이 중 우리 선조들은, 상대방의 칭찬을 그
> 대로 받아들이기 보다는 자신을 낮추어 말하는 것을 미덕으로 여긴 '겸양의 격률'을 중요하게 생각했다.

① 가: 집이 참 좋네요. 구석구석 어쩌면 이렇게 정돈이 잘 되어 있는지…. 사모님 살림 솜씨가 대단
하신데요.
　나: 그렇게 말씀해 주시니 고맙습니다.
② 가: 정윤아, 날씨도 좋은데 우리 놀이공원이나 갈래?
　나: 놀이공원? 좋지. 그런데 나는 오늘 뮤지컬 표를 예매해 둬서 어려울 것 같아.
③ 가: 제가 귀가 안 좋아서 그러는데 죄송하지만 조금만 더 크게 말씀해 주시겠어요.
　나: 제 목소리가 너무 작았군요. 죄송합니다.
④ 가: 유진아, 너는 노래도 잘하고 운동도 잘하고 못하는 게 없구나.
　나: 아니에요. 특별히 잘하는 것도 없는데요. 아직 많이 부족합니다.

317 ▷ 자음 동화

1. 비음화

비음이 아닌 자음이 비음으로 바뀌는 현상이다.

① 'ㅂ, ㄷ, ㄱ'이 'ㅁ, ㄴ'과 만나 'ㅁ, ㄴ, ㅇ'으로 발음된다.

예		
• 먹는다 → [멍는다]	• 부엌문 → [부엉문]	• 깎는 → [깡는]
• 닫는 → [단는]	• 밥물 → [밤물]	• 몫몫이 → [몽목씨]
• 짓는 → [진ː는]	• 옷맵시 → [온맵씨]	• 젖멍울 → [전멍울]
• 꽃망울 → [꼰망울]	• 앞마당 → [암마당]	• 무릎맞춤 → [무름맏춤]
• 밥 먹는다 → [밤멍는다]	• 입 놀리다 → [임놀리다]	• 국 마시다 → [궁마시다]
• 옷 마르다 → [온마르다]	• 흙 말리다 → [흥말리다]	• 값 매기다 → [감매기다]

② 'ㅁ, ㅇ'이 'ㄹ'과 만날 때 'ㄹ'이 'ㄴ'으로 발음된다.

예		
• 담력 → [담ː녁]	• 침략 → [침ː냑]	• 강릉 → [강능]
• 감리 → [감니]	• 종로 → [종노]	• 대통령 → [대ː통녕]

③ 'ㅂ, ㄱ'이 'ㄹ'과 만나 'ㅂ, ㄱ'은 'ㅁ, ㅇ'으로, 'ㄹ'은 'ㄴ'으로 발음된다.

예		
• 압력 → [암녁]	• 막론 → [막논 → 망논]	• 백로 → [백노 → 뱅노]
• 협력 → [협녁 → 혐녁]	• 섭리 → [섭니 → 섬니]	• 십 리 → [십니 → 심니]

2. 유음화

① 'ㄹ' 앞이나 뒤의 'ㄴ'이 'ㄹ'로 발음되는 현상이다.

예		
• 원리 → [월리]	• 칼날 → [칼랄]	• 난로 → [날ː로]
• 신라 → [실라]	• 광한루 → [광ː할루]	• 대관령 → [대ː괄령]
• 물난리 → [물랄리]	• 줄넘기 → [줄럼끼]	• 땔나무 → [땔ː라무]

② 유음화의 예외 단어(표준발음법 제20항)

다만, 다음과 같은 단어들은 'ㄹ'을 [ㄴ]으로 발음한다.

의견란[의ː견난]	임진란[임ː진난]	생산량[생산냥]
결단력[결딴녁]	공권력[공꿘녁]	동원령[동ː원녕]
상견례[상견녜]	횡단로[횡단노]	이원론[이ː원논]
입원료[이붠뇨]	구근류[구근뉴]	

알맹이 이론

유음화의 예외(11개 단어)
- 한자어로 이루어진 3음절의 복합어 – ㄴ + ㄹ → ㄴ + ㄴ
- 11개 단어 이외에 '등산로[등산노], 기판력[기판녁], 실천력[실천녁], 음운론[으문논]도 마찬가지이다.
- 그 중에서도 4개 단어(이원론, 임진란, 동원령, 의견란)는 긴소리 발음이다.

암기법 TIP

생산량 공장장 이임식에서 동의를 구하고,
권 원진 원견
력 론란 령란

횡단로를 지나 결혼식 상견례장 입구에 도착하다.
단 원근
력 료류

제20항: 유음화의 예외 단어(11개)
(3음절 한자어: ㄴ + ㄹ → ㄴ + ㄴ)

※ ・긴소리(장음)

---

318 ▶ 방향과 정도에 따른 음운 동화

1. 방향에 따른 음운 동화

① 역행 동화: 동화의 주체가 뒤에 있으면서 앞 자음을 바꿈 예 밥물 → [밤물]
② 순행 동화: 동화의 주체가 앞에 있으면서 뒷 자음을 바꿈 예 종로 → [종노]
③ 상호 동화: 동화가 서로 영향을 주고받아 앞, 뒷 자음이 모두 바꿈 예 독립 → [동닙]

2. 정도에 따른 음운 동화

① 완전 동화: 동화의 주체가 똑같은 소리로 바꿈 예 신라 → [실라]
② 불완전 동화: 동화의 주체가 비슷한 소리로 바꿈 예 백로 → [뱅노]

---

33 정답 및 해설

알맹이 노트 p. 76

33

동화의 방향이 다른 것은? 2018 서울시 7급 추가 채용

① 손난로 ② 불놀이
③ 찰나 ④ 강릉

319 동격 관형절과 관계 관형절

1. 동격 관형절

동격 관형절은 안긴문장 그 자체가 뒤에 오는 체언과 동일한 의미를 가지는 것으로 생략이 불가능하다. 생략된 문장성분이 없다.

예 • 그는 우리가 돌아온 사실을 모른다. (사실 = 우리가 돌아왔다.)
　 • 나는 <u>그가 착한 사람이라는</u> 생각이 들었다. (생각 = 그가 착한 사람이다.)
　 • <u>혜리가 합격했다는</u> 소식을 금방 들었다. (소식 = 혜리가 합격했다.)

2. 관계 관형절

관계 관형절은 뒤에 오는 체언과 관형절 내의 성분이 동일하며 그 성분이 탈락된다. 생략된 문장성분이 있다.

① 주어가 생략된 관형절
　 예 • 나는 <u>높은</u> 산을 보았다. (<u>산이</u> 높다.)
　 　 • <u>공무원이 된</u> 누나에게 용돈을 받았다. (<u>누나가</u> 공무원이 되다.)
　 　 • 형이 숙제를 하는 동생을 불렀다. (<u>동생이</u> 숙제를 하다.)
　 　 • <u>좋은</u> 차는 몸이 먼저 느낍니다. (<u>차가</u> 좋다.)
　 　 • 그는 <u>큰</u> 차를 샀다. (<u>차가</u> 크다)

② 목적어가 생략된 관형절
　 예 • <u>놓친</u> 고기가 더 크다. (<u>고기를</u> 놓치다.)
　 　 • <u>혜리가 그린</u> 그림이 좋다. (혜리가 <u>그림을</u> 그리다.)
　 　 • 이것은 <u>내가 읽은</u> 책이다. (내가 <u>책을</u> 읽다.)

③ 부사어가 생략된 관형절
　 예 나는 <u>수지가 이별한</u> 민호를 보았다. (수지가 <u>민호와</u> 이별하다.)

34

다음 예문 중에서 관형절의 성격이 <u>다른</u> 하나는?　　　　2017 서울시 사회복지직 9급

① 비가 오는 소리가 들린다.
② 철수는 새로 맞춘 양복을 입었다.
③ 나는 길에서 주운 지갑을 역 앞 우체통에 넣었다.
④ 윤규가 지하철에서 만났던 사람은 의사이다.

34 정답 및 해설
알맹이 노트 p. 76

320   'ㄹ' 탈락 주의해야 할 단어(제28항)

가으내(가을내 – 가을동안 내내)	여닫다(열(다)+닫다)	미닫이(밀(다)+닫이)
다달이(달달이)	나날이(날날이)	무논(물논)
싸전(쌀전)	우짖다(울–짖다)	

321   후송/피란, 고둥/밑동

1. 후송/피란

①
후송(後送)	전쟁 중 부상자, 포로를 후방으로 보냄
이송(移送)	다른 데로 옮겨 보냄

예 이 아이는 큰 병원으로 빨리 후송(×)해야 됩니다.
　　　　　　　　　└, 이송

②
피란(避亂)	전쟁 중 피하여 옮겨 감
피난(避難)	재난을 피하여 옮겨 감

예 6.25 피난(×)민
　　　└, 피란

2. 고둥/밑동

① 소라와 고동(×) 껍데기
　　　　└, 고둥
② 물건의 밑둥(×)을 보아라
　　　　└, 밑동

322 색깔

○	○	×
노란색	노랑	노랑색
빨간색	빨강	빨강색
파란색	파랑	파랑색

예 <u>노랑색</u>(×) 옷이 참 아름답다.
　└→ 노란색

323 도리어/되레, 오히려/외려, 구태여

도리어○ 도리여× 되레○('도리어'의 준말) 되려×	구태어× 구태여○ 구태('구태여'의 준말)
	오히려 외려('오히려'의 준말)

예 • 도리어(=되레) 저를 나무라는 것이 아니겠습니까?
　• <u>구태여</u> 그 사람을 찾아갈 필요가 있을까?

324 ▶ 세종어제 훈민정음

알맹이 TIP

훈민정음 표기상의 특징
① 'ㆆ, ㅿ, ㅸ, ㆍ, ㆁ'의 소실문
　자가 모두 사용됨
② 동국정운식 한자음을 사용함
③ 성조를 나타내는 방점이 있음
④ 받침 표기는 8종성법을 따르
　고 있음
⑤ 각자병서, 합용병서가 사용
⑥ 이어적기(연철)가 사용
⑦ 모음조화가 철저히 지켜짐
⑧ 구개음화, 원순모음화, 전설
　모음화가 일어나지 않음

世·솅宗·종 御·엉製·졩 訓·훈民·민正·졍音·흠

나·랏 :말ᄊᆞ·미 中듀國·귁에 달·아 文문字·ᄍᆞ·와·로 서르 ᄉᆞᄆᆞᆺ·디 아·니 ᄒᆞᆯ·ᄊᆡ· / 이런 젼·ᄎᆞ·로 어·린 百·빅姓·셩이 니르·고·져 ·홇 ·배 이·셔·도 ᄆᆞ·ᄎᆞᆷ:내 제 ·ᄠᅳ·들 시·러 펴·디 :몯홇 ·노·미 하·니·라 / ·내· 이·를 爲·윙·ᄒᆞ·야 :어엿·비 너·겨 ·새·로 ·스·믈여·듧 字·ᄍᆞ·를 ᄆᆡᇰ·ᄀᆞ노·니 / :사ᄅᆞᆷ :마·다 :ᄒᆡᅇᅧ :수·비 니·겨 ·날·로 ·ᄡᅮ·메 便뼌安한·킈 ᄒᆞ·고·져 홇 ᄯᆞᄅᆞ·미니·라
　　　　　　　　　　　　　　　　　　　　－ <훈민정음(訓民正音)>, 세조(世祖) 5년(1459년)

[풀이]
우리나라 말이 중국과 달라 한자와는 서로 통하지 아니하여서 이런 까닭으로 어리석은 백성이 말하고자 하는 바가 있어도 마침내 제 뜻을 펴지 못하는 사람이 많다. 내가 이것을 가엾게 생각하여 새로 스물여덟 글자를 만드니, 모든 사람들로 하여금 쉽게 익혀서 날마다 쓰는 데 편하게 하고자 할 따름이다.

325 ▶ 간질이다, 간지럽히다

우리 누나 손등을 <u>간지러(×)</u> 주어라
　　　　　　　└ 간질여, 간지럽혀

예 • 간지르다(×) – 간지러(×)
　• 간질러(×)
　• 간질이다(○)
　• 간지럽히다(○) 〈2011 추가 표준어〉

01	가리마(머리모양) → 가르마		23	신기스럽다 → 신기롭다, 신기하다
02	얼핏하면 → 걸핏하면		24	광우리 → 광주리
03	개나리봇짐 → 괴나리봇짐		25	장고 → 장구(악기)
04	고분분투 → 고군분투		26	욱씬거리다 → 욱신거리다
05	꼬나박다 → 꼬라박다		27	체신머리없다 → 채신머리없다
06	돌하루방 → 돌하르방		28	철썩같다 → 철석(鐵石)같다
07	만두속 → 만두소		29	달디달다 → 다디달다
08	묶돈 → 목돈		30	늘상 → 늘
09	넓이뛰기 → 멀리뛰기		31	싸그리 → 깡그리
10	구스리다 → 구슬리다		32	내려꽂다 → 내리꽂다
11	오지랍 → 오지랖		33	(손)시렵다 → 시리다
12	싸가지 → 싹수		34	쌩뚱맞다 → 생뚱맞다
13	어리버리 → 어리바리		35	응큼하다 → 엉큼하다
14	빼다박다 → 빼닮다		36	장농 → 장롱
15	우겨넣다 → 욱여넣다		37	정내미 → 정나미
16	(집에) 들리다 → 들르다		38	좀체로 → 좀체, 좀처럼
17	쾌쾌한 냄새 → 퀴퀴한 냄새		39	줄창 → 줄곧
18	희죽희죽 → 헤죽헤죽		40	치떠보다 → 칩떠보다
19	히히닥거리다 → 시시닥거리다		41	콧방아 → 코방아
20	(고개를) 제끼다 → 젖히다		42	꽃봉오리, 산봉우리, 꽃 몽우리(=꽃망울)
21	깅가밍가 → 긴가민가		43	콧방울, 눈망울
22	안스럽다 → 안쓰럽다		44	애시당초 → 애당초

어휘 풀이

- 채신머리: 말이나 행동이 경솔하여 위엄이나 신망이 없다.
- 깡그리: 하나도 남김없이
- 정나미: 어떤 대상에 대하여 애착을 느끼는 마음
- 긴가민가: 분명하지 않은 모양
- 생뚱맞다: 매우 엉뚱하다.
- 코방아: 엎어져서 코를 바닥에 부딪치는 일
- 칩떠보다: 눈을 치뜨고 노려보다.
- 애당초: 일의 맨 처음

327 > 접속어의 기능과 역할

1. 결론을 이끄는 접속어

그러므로, 따라서, 그래서, 결과적으로, 그러니까	접속어 다음에 글의 중심내용이 온다.

2. 인과의 접속어

왜냐하면	앞의 내용이 결과이고 뒤의 내용이 원인이다.

3. 역접의 접속어

그러나, 하지만, 아니면, 그렇지만, 반면에	앞의 내용을 부정, 반박, 대립하거나 내용의 흐름을 바꾼다.

4. 화제 전환의 접속어

그런데, 그러면, 다음으로, 한편	앞의 내용에서 다른 내용으로 화제를 바꾼다.

5. 예시의 접속어

예컨대, 이를테면, 예를 들면, 가령	글의 중심내용은 앞 문장에서 찾는다.

6. 요약의 접속어

곧, 즉, 요컨대, 이를 테면	접속어 다음에 글의 중심내용이 온다.

7. 순접의 접속어

그리고, 또, 그리하여, 그래서	앞뒤의 문장을 원인과 결과로 연결하는 내용이다.

8. 대등의 접속어

또는, 혹은, 및	앞뒤의 문장을 같은 자격으로 연결하는 내용이다.

9. 첨가/보충의 접속어

그리고, 더구나, 또한, 더 나아가, 더욱이, 그 뿐만 아니라	앞 내용에 대한 첨가, 보충의 내용이다.

10. 부연의 접속어

다시 말하면, 말하자면, 그렇다면	앞 내용에 대한 덧붙임의 내용이다.

328 본말과 생략된 말이 모두 표준어

본말(○)	생략된 말(○)
닭의 장	닭장
송이버섯	송이
감감무소식	감감소식
불사르다	사르다 (남김없이 없애 버리다)
당나귀	나귀
어기여차	어여차
생강	새앙, 생
아무쪼록	모쪼록

329 갑부, 터울

재계 3위의 <u>갑부</u>(×) 는 누구일까?
    └ 부자

사촌동생과 저는 2년 <u>터울</u>(×) 입니다.
    └ 차이

어휘 풀이
• 갑부(甲富): 첫째가는 부자
• 터울: 한 어미가 낳은 자식들 나이의 차이

330 길과 관련된 말

가풀막	몹시 가파르게 비탈진 곳	도린곁	사람이 별로 가지 않는 외진 곳
고샅	시골 마을의 좁은 골목길	허방	땅바닥이 움푹 패어 빠지기 쉬운 구덩이
길섶	길의 가장자리	노루목	넓은 들에서 다른 곳으로 이어지는 좁은 지역
난달	길이 여러 갈래로 통한 곳	에움길	굽은 길 또는 에워서 돌아가는 길

331 ▷ 송도 오이 장수, 청기와 장수, 앵두 장수

1. 송도 오이 장수

지나치게 이익을 꾀하려다가 도리어 손해를 본 사람. 옛날 송도에 사는 오이 장수가 한양에 가면 오이 값을 많이 받을 수 있다는 말을 듣고 한양으로 갔다. 그런데 한양의 오이 값이 뚝 떨어져서 제값을 받기가 어려웠다. 이번에는 의주에 가면 오이 값이 많이 나간다는 말을 듣고 의주로 갔으나 그곳에서도 오이 값이 떨어졌다. 할 수 없이 오이를 지고 송도로 돌아왔으나 너무 오랜 시간이 지나서 이미 오이가 다 썩은 뒤였다. 여기에서 유래된 말이 '송도 오이 장수' 이다.

2. 청기와 장수

이익을 더 보려다 낭패를 본 사람. 옛날 어떤 사람이 청기와 굽는 법을 알아냈으나 이익을 혼자 차지할 생각으로 남에게 그 방법을 가르치지 않았다는 이야기에서 나온 말이다. '청기와 장수'는 혼자서 그 이익을 독점하려고 그 기법을 감추는 사람, 심지어는 자신의 제자나 자식에게조차 가르쳐주지 않는 사람이라는 이야기에서 비롯된 말이다.

3. 앵두장수

예전에, 잘못을 저지르고 어디론가 자취를 감춘 사람을 이르던 말이다.

332 ▷ 절대적 높임의 대상

'국가(나라)', '겨레', '민족'은 절대적인 높임의 대상이므로 낮춤이 허용되지 않는다.

예 • 저희 나라는 민주주의 국가입니다. → 우리나라는 민주주의 국가입니다.
  • 저희 겨레의 소원은 통일입니다. → 우리 겨레의 소원은 통일입니다.

333 2017 · 2016 · 2015 · 2014 · 2011년 국립국어원 추가 표준어

1. 2017 추가 표준어 목록(5개)

기존 표준어	추가 표준어	의미	구분
꺼림칙하다	**꺼림직하다**	마음에 걸려서 언짢고 싫은 느낌이 있다.	복수 표준어
께름칙하다	**께름직하다**	마음에 걸려서 언짢고 싫은 느낌이 있다.	복수 표준어
추어올리다	**추켜올리다**	'실제보다 과장되게 칭찬하다'의 의미로 쓰이는 '추켜올리다'를 표준어로 인정함	복수 표준어
치켜세우다	**추켜세우다**	'정도 이상으로 크게 칭찬하다'의 의미로 쓰이는 '추켜세우다'를 표준어로 인정함	복수 표준어
추어올리다/ 추켜올리다	**치켜올리다**	① 옷이나 물건, 신체 일부 따위를 위로 가뜬하게 올리다. ② 실제보다 과장되게 칭찬하다.	복수 표준어

2. 2016년 추가 표준어 목록(11개)

[2016.12.27. 국립국어원 발표]

① 추가 표준어(4항목)

추가 표준어	현재 표준어	뜻 차이
걸판지다	거방지다	걸판지다 [형용사] ① 매우 푸지다. 　예 술상이 걸판지다 / 마침 눈먼 돈이 생긴 것도 있으니 오늘 저녁은 내가 걸판지게 사지. ② 동작이나 모양이 크고 어수선하다. 　예 싸움판은 자못 걸판져서 구경거리였다. / 소리판은 옛날이 걸판지고 소리할 맛이 났었지. 거방지다 [형용사] ① 몸집이 크다. ② 하는 짓이 점잖고 무게가 있다. ③＝걸판지다①
겉울음	건울음	겉울음 [명사] ① 드러내 놓고 우는 울음 　예 꼭꼭 참고만 있다 보면 간혹 속울음이 겉울음으로 터질 때가 있다. ② 마음에도 없이 겉으로만 우는 울음 　예 눈물도 안 나면서 슬픈 척 겉울음 울지 마. 건울음 [명사]＝강울음 강울음 [명사] 눈물 없이 우는 울음, 또는 억지로 우는 울음

추가 표준어	현재 표준어	뜻 차이
까탈스럽다	까다롭다	까탈스럽다 [형용사] ① 조건, 규정 따위가 복잡하고 엄격하여 적응하거나 적용하기에 어려운 데가 있다. '가탈스럽다①'보다 센 느낌을 준다. 　⟨예⟩ 까탈스러운 공정을 거치다 / 규정을 까탈스럽게 정하다 / 가스레인지에 길들여진 현대인들에게 지루하고 까탈스러운 숯 굽기 작업은 쓸데없는 시간 낭비로 비칠 수도 있겠다. ② 성미나 취향 따위가 원만하지 않고 별스러워 맞춰 주기에 어려운 데가 있다. '가탈스럽다②'보다 센 느낌을 준다. 　⟨예⟩ 까탈스러운 입맛 / 성격이 까탈스럽다 / 딸아이는 사 준 옷이 맘에 안 든다고 까탈스럽게 굴었다. ※ 같은 계열의 '가탈스럽다'도 표준어로 인정함 까다롭다 [형용사] ① 조건 따위가 복잡하거나 엄격하여 다루기에 순탄하지 않다. ② 성미나 취향 따위가 원만하지 않고 별스럽게 까탈이 많다.
실뭉치	실몽당이	실뭉치 [명사] 실을 한데 뭉치거나 감은 덩이 ⟨예⟩ 뒤엉킨 실뭉치 / 실뭉치를 풀다 / 그의 머릿속은 엉클어진 실뭉치같이 갈피를 못 잡고 있었다. 실몽당이 [명사] 실을 풀기 좋게 공 모양으로 감은 뭉치

② 추가 표준형(2항목)

추가 표준형	현재 표준형	비고
엘랑	에는	• 표준어 규정 제25항에서 '에는'의 비표준형으로 규정해 온 '엘랑'을 표준형으로 인정함 • '엘랑' 외에도 'ㄹ랑'에 조사 또는 어미가 결합한 '에설랑, 설랑, –고설랑, –어설랑, –질랑'도 표준형으로 인정함 • '엘랑, –고설랑' 등은 단순한 조사/어미 결합형이므로 사전 표제어로는 다루지 않음. (예문) – 서울엘랑 가지를 마오. 교실에설랑 떠들지 마라. 　　　– 나를 앞에 앉혀놓고설랑 자기 아들 자랑만 하더라.
주책이다	주책없다	• 표준어 규정 제25항에 따라 '주책없다'의 비표준형으로 규정해 온 '주책이다'를 표준형으로 인정함 • '주책이다'는 '일정한 줏대가 없이 되는대로 하는 짓'을 뜻하는 '주책'에 서술격조사 '이다'가 붙은 말로 봄 • '주책이다'는 단순한 명사+조사 결합형이므로 사전 표제어로는 다루지 않음 (예문) 이제 와서 오래 전에 헤어진 그녀를 떠올리는 나 자신을 보며 '나도 참 주책이군' 하는 생각이 들었다.

3. 2015년 추가 표준어 목록(11개)

[2015.12.14. 국립국어원 발표]

① 복수 표준어: 현재 표준어와 같은 뜻을 가진 표준어로 인정한 것(4개)

추가 표준어	현재 표준어	비고
마실	마을	• '이웃에 놀러 다니는 일'의 의미에 한하여 표준어로 인정함. '여러 집이 모여 사는 곳'의 의미로 쓰인 '마실'은 비표준어임 • '마실꾼, 마실방, 마실돌이, 밤마실'도 표준어로 인정함 (예문) 나는 아들의 방문을 열고 이모네 마실 갔다 오마하고 말했다.
이쁘다	예쁘다	'이쁘장스럽다, 이쁘장스레, 이쁘장하다, 이쁘디이쁘다'도 표준어로 인정함 (예문) 어이구, 내 새끼 이쁘기도 하지.
찰지다	차지다	사전에서 〈'차지다'의 원말〉로 풀이함 (예문) 화단의 찰진 흙에 하얀 꽃잎이 화사하게 떨어져 날리곤 했다.
-고프다	-고 싶다	사전에서 〈'-고 싶다'가 줄어든 말〉로 풀이함 (예문) 그 아이는 엄마가 보고파 앙앙 울었다.

② 별도 표준어: 현재 표준어와 뜻이 다른 표준어로 인정한 것(5개)

추가 표준어	현재 표준어	뜻 차이
꼬리연	가오리연	• 꼬리연: 긴 꼬리를 단 연 ※ 가오리연: 가오리 모양으로 만들어 꼬리를 길게 단 연. 띄우면 오르면서 머리가 아래위로 흔들린다. (예문) 행사가 끝날 때까지 하늘을 수놓았던 대형 꼬리연도 비상을 꿈꾸듯 끊임없이 창공을 향해 날아올랐다.
의론	의논	• 의론(議論): 어떤 사안에 대하여 각자의 의견을 제기함. 또는 그런 의견 ※ 의논(議論): 어떤 일에 대하여 서로 의견을 주고 받음 • '의론되다, 의론하다'도 표준어로 인정함 (예문) 이러니저러니 의론이 분분하다.
이크	이키	이크: 당황하거나 놀랐을 때 내는 소리. '이키'보다 큰 느낌을 준다. ※ 이키: 당황하거나 놀랐을 때 내는 소리. '이끼'보다 거센 느낌을 준다. (예문) 이크, 이거 큰일 났구나 싶어 허겁지겁 뛰어갔다.
잎새	잎사귀	잎새: 나무의 잎사귀. 주로 문학적 표현에 쓰인다. ※ 잎사귀: 낱낱의 잎. 주로 넓적한 잎을 이른다. (예문) 잎새가 몇 개 남지 않은 나무들이 창문 위로 뻗어올라 있었다.
푸르르다	푸르다	• 푸르르다: '푸르다'를 강조할 때 이르는 말 ※ 푸르다: 맑은 가을 하늘이나 깊은 바다, 풀의 빛깔과 같이 밝고 선명하다. • '푸르르다'는 '으불규칙용언'으로 분류함 (예문) 겨우내 찌푸리고 있던 잿빛 하늘이 푸르르게 맑아 오고 어디선지도 모르게 흙냄새가 뭉클하니 풍겨 오는 듯한 순간 벌써 봄이 온 것을 느낀다.

③ 복수 표준형: 현재 표준적인 활용형과 용법이 같은 활용형으로 인정한 것(2개)

추가 표준형	현재 표준형	비고
말아 말아라 말아요	마 마라 마요	'말다'에 명령형어미 '-아', '-아라', '-아요' 등이 결합할 때는 어간 끝의 'ㄹ'이 탈락 하기도 하고 탈락하지 않기도 함 (예문) - 내가 하는 말 농담으로 듣지 마/말아. 　　　　- 얘야, 아무리 바빠도 제사는 잊지 마라/말아라. 　　　　- 아유, 말도 마요/말아요.
노랗네 동그랗네 조그맣네 ...	노라네 동그라네 조그마네 ...	• ㅎ불규칙용언이 어미 '-네'와 결합할 때는 어간 끝의 'ㅎ'이 탈락하기도 하고 탈락 하지 않기도 함 • '그렇다, 노랗다, 동그랗다, 뿌옇다, 어떻다, 조그맣다, 커다랗다' 등등 모든 ㅎ불규 칙용언의 활용형에 적용됨 (예문) - 생각보다 훨씬 노랗네/노라네. 　　　　- 이 빵은 동그랗네/동그라네. 　　　　- 건물이 아주 조그맣네/조그마네.

4. 2014년 추가 표준어 목록(13개)

[2014.12.15 국립국어원 발표]

① 현재 표준어와 같은 뜻을 가진 표준어로 인정한 것(5개)

추가 표준어	현재 표준어
구안와사	구안괘사(한방에서 안면마비증세의 질병)
굽신*	굽실
눈두덩이	눈두덩
삐지다	삐치다
초장초	작장초 (괭이밥과의 여러해살이 식물)

* '굽신'이 표준어로 인정됨에 따라, '굽신거리다, 굽신대다, 굽신하다, 굽신굽신, 굽신굽신
하다' 등도 표준어로 함께 인정됨

② 현재 표준어와 뜻이나 어감이 차이가 나는 별도의 표준어로 인정한 것(8개)

추가 표준어	현재 표준어	뜻 차이
개기다	개개다	개기다: (속되게) 명령이나 지시를 따르지 않고 버티거나 반항하다. (※개개다: 성가시게 달라붙어 손해를 끼치다.)
꼬시다	꾀다	꼬시다: '꾀다'를 속되게 이르는 말 (※꾀다: 그럴듯한 말이나 행동으로 남을 속이거나 부추겨서 자기 생각대로 끌다.)
놀잇감	장난감	놀잇감: 놀이 또는 아동 교육 현장 따위에서 활용되는 물건이나 재료. (※장난감: 아이들이 가지고 노는 여러 가지 물건)
딴지	딴죽	딴지: ((주로 '걸다, 놓다'와 함께 쓰여)) 일이 순순히 진행되지 못하도록 훼방을 놓거나 어기대는 것 (※딴죽: 이미 동의하거나 약속한 일에 대하여 딴전을 부림을 비유적으로 이르는 말)
사그라들다	사그라지다	사그라들다: 삭아서 없어져 가다. (※사그라지다: 삭아서 없어지다.)
섬찟*	섬뜩	섬찟: 갑자기 소름이 끼치도록 무시무시하고 끔찍한 느낌이 드는 모양 (※섬뜩: 갑자기 소름이 끼치도록 무섭고 끔찍한 느낌이 드는 모양)
속앓이	속병	속앓이: ① 속이 아픈 병. 또는 속에 병이 생겨 아파하는 일. ② 겉으로 드러내지 못하고 속으로 걱정하거나 괴로워하는 일 (※속병: ① 몸속의 병을 통틀어 이르는 말 ② '위장병01'을 일상적으로 이르는 말 ③ 화가 나거나 속이 상하여 생긴 마음의 심한 아픔
허접하다	허접스럽다	허접하다: 허름하고 잡스럽다. (※허접스럽다: 허름하고 잡스러운 느낌이 있다.)

* '섬찟'이 표준어로 인정됨에 따라, '섬찟하다, 섬찟섬찟, 섬찟섬찟하다' 등도 표준어로 함께 인정됨

5. 2011년 추가 표준어 목록(39개)

[2011.08. 국립국어원 발표

① 현재 표준어와 같은 뜻으로 추가로 표준어로 인정한 것(11개)

추가 표준어	현재 표준어	해설
간지럽히다	간질이다	그동안 '간지럽히다'는 비표준어로 '간질이다'로 써야했으나, 표준어로 인정됨
남사스럽다	남우세스럽다	'남우세'는 '남에게 비웃음과 놀림을 받게 됨.'의 뜻으로 '남우세스럽다'로 쓰였으나 '남사스럽다'도 인정됨('남세스럽다, 우세스럽다'도 모두 같은 뜻으로, 표준어임)
등물	목물	팔다리를 뻗고 엎드린 사람의 허리 위에서부터 목까지 물로 씻어주는 일 '등목'도 같은 의미이다.
맨날	만날	'만날'의 '만'은 '萬'으로 '아주 많은 날'이라는 의미에서 '만날'로 쓰였으나 '맨날'도 인정됨
묫자리	묏자리	'묏자리'는 '뫼를 쓸 자리'의 의미, 한자어 '묘(墓)'를 쓰는 '묫자리'도 표준어로 인정됨
복숭아뼈	복사뼈	통시적으로 '복숭아'의 의미인 '복숭와'와 '뼈'가 결합한 형태에서 온 말로 '복사뼈'만 표준어로 인정했으나 '복숭아뼈'도 인정됨
세간살이	세간	집안 살림에 쓰는 온갖 물건
쌉싸름하다	쌉싸래하다	조금 쓴맛이 있는 듯하다.
토란대	고운대	토란의 줄기
허접쓰레기	허섭스레기	좋은 것이 빠지고 난 뒤에 남은 허름한 물건
흙담	토담	한자어 '토(土)'와 우리말 '담'이 결합된 말로 '흙으로 쌓아 만든 담'을 뜻하는 말은 '토담'이었으나 '흙담'도 인정됨

② 현재 표준어와 별도의 표준어로 추가로 인정된 것(25개)

추가 표준어	현재 표준어	뜻 차이
-길래	-기에	-길래: '-기에'의 구어적 표현 예 배가 고프길래 라면을 끓여 먹었다. -기에: 원인이나 근거를 나타내는 연결 어미 예 반가운 손님이 오셨기에 버선발로 달려 나갔다.
개발새발	괴발개발	개발새발: '개의 발과 새의 발'이라는 뜻. 글씨를 되는대로 아무렇게나 써 놓은 모양 예 개발새발 글씨를 쓰다. 괴발개발: '고양이의 발과 개의 발'이라는 뜻. 글씨를 되는대로 아무렇게나 써 놓은 모양을 이른다. 예 담벼락에는 괴발개발 아무렇게나 낙서가 되어 있었다.

추가 표준어	현재 표준어	뜻 차이
나래	날개	나래: '날개'의 문학적 표현. '날개'보다 부드러운 어감을 준다. 예 그 새는 황금빛으로 빛나는 나래를 풍선처럼 부풀려 올리더니 …….
		날개: 새나 곤충의 몸 양쪽에 붙어서 날아다니는 데 쓰는 기관 예 까마귀가 날개를 퍼덕이며 날아올랐다.
내음	냄새	내음: 향기롭거나 나쁘지 않은 냄새로 제한됨. 주로 문학적 표현에 쓰인다. 예 나는 신록의 내음과 창포의 향기가 삽상한 아침 공기에 서려 있는 집을 나왔다.
		냄새: 코로 맡을 수 있는 온갖 기운 예 아직 덜 마른 시멘트 냄새가 풍긴다.
눈꼬리	눈초리	눈꼬리: 눈의 귀 쪽으로 째진 부분 예 눈꼬리가 처지다.
		눈초리: 어떤 대상을 바라볼 때 눈에 나타나는 표정 예 매서운 눈초리로 쳐다보았다. ※ '눈꼬리'의 뜻도 있다. 예 눈초리가 올라갔다.
떨구다	떨어뜨리다	떨구다: '시선을 아래로 향하다.'라는 뜻이 있다. 예 그녀는 시선을 발끝에 떨구고 또 걷기 시작하였다. ※ '위에 있는 것을 아래로 내려가게 하다.'의 뜻도 있음 예 동전을 바닥에 떨구었다.
		떨어뜨리다: 위에 있는 것을 아래로 내려가게 하다. 예 수건을 바닥에 떨어뜨리다. ※ '시선을 아래로 향하다.'의 뜻도 있음 예 얼른 방바닥에 눈길을 떨어뜨려 버린다.
뜨락	뜰	뜨락: '뜰'의 뜻 외에도 추상적 공간을 비유하는 뜻이 있음 예 내 마음의 뜨락에 당신을 향한 소중한 기억이 가득하다.
		뜰: 집 안의 앞뒤나 좌우로 가까이 딸려 있는 빈터 예 뜰에 꽃을 심다.
먹거리	먹을거리	먹거리: 사람이 살아가기 위하여 먹는 음식을 통틀어 이름 예 환경 오염으로 안전한 먹거리에 대한 관심이 높아지고 있다.
		먹을거리: 먹을 수 있거나 먹을 만한 음식 또는 식품 예 시장에 가서 먹을거리를 장만하다.
메꾸다	메우다	메꾸다: 무료한 시간을 적당히 또는 그럭저럭 흘러가게 하다. 예 입을 다문 채 시간을 메꾼다는 것도 지겨운 노릇이다. ※ '뚫려 있는 곳을 막다.'의 의미도 있음 예 우물을 메꾸다.
		메우다: '메다'의 사동사 예 구덩이를 메우다. / 식장을 가득 메우다. ※ '시간을 적당히 보내다'의 뜻도 있음. 예 그들은 무료한 시간을 메우기 위해…….

추가 표준어	현재 표준어	뜻 차이
손주	손자(孫子)	손주: 손자와 손녀를 아울러 이르는 말 예 요즘 손주들 보는 재미에 푹 빠졌다.
		손자: 아들의 아들. 또는 딸의 아들 할머니가 어린 손자를 데리고 산책을 한다.
어리숙하다	어수룩하다	어리숙하다: 겉모습이나 언행이 치밀하지 못하여 순진하고 어리석은 데가 있다. 예 그는 어리숙한 푼수 연기를 잘 소화해 냈다.
		어수룩하다: 겉모습이나 언행이 치밀하지 못하여 순진하고 어설픈 데가 있다. 예 그 사람은 어수룩한 시골 사람들을 상대로 장사를 했다. ※ '어수룩하다'는 '순박함 / 순진함'의 뜻이 강한 반면에, '어리숙하다'는 '어리석음'의 뜻이 강함
연신	연방	연신: 잇따라 자꾸 예 연신 눈을 깜박이다.
		연방: 연속해서 자꾸 예 바깥에서는 구호를 외치는 소리가 연방 들렸고……. ※ '연방'이 연속성을 강조한다면 '연신'은 반복성을 강조함
휭하니	힝허케	휭하니: 중도에서 지체하지 아니하고 곧장 빠르게 가는 모양 예 휭하니 밖으로 나가다.
		힝허케: '휭하니'의 예스러운 표현 예 한눈팔지 말고 힝허케 다녀와라.
걸리적거리다	거치적거리다	걸리적거리다: 거추장스럽게 자꾸 여기저기 거치거나 닿다. 예 지름길은 걸리적거리는 나무와 풀이 빽빽한 산길이었다.
		거치적거리다: 거추장스럽게 자꾸 여기저기 거치거나 닿다. 예 장롱을 버리고 나니 거치적거리는 게 없어 좋다.
끄적거리다	끼적거리다	끄적거리다: 글씨나 그림 따위를 아무렇게나 자꾸 쓰거나 그리다. 예 수첩에 뭔가를 생각나는 대로 끄적거렸다.
		끼적거리다: 글씨나 그림 따위를 아무렇게나 자꾸 쓰거나 그리다. 예 그는 수첩에 뭔가를 끼적거리고 있었다. ※ '끼적거리다'에는 '매우 달갑지 않은 음식을 자꾸 마지못해 굼뜨게 먹다.'는 의미도 있음
두리뭉실하다	두루뭉술하다	두리뭉실하다: 말이나 태도 따위가 확실하거나 분명하지 아니하다. 예 두리뭉실하게 말 돌리지 말고 사실대로 얘기해.
		두루뭉술하다: 말이나 행동 따위가 철저하거나 분명하지 아니하다. 예 말이 두루뭉술하여 의미가 분명치 않다.
맨숭맨숭 / 맹숭맹숭	맨송맨송	맨숭맨숭: 몸에 털이 있어야 할 곳에 털이 없어 반반한 모양. '맨송맨송'보다 큰 느낌을 준다. 예 수염을 깎고 맨숭맨숭 깔끔해진 턱을 쓰다듬었다.
		맨송맨송: 몸에 털이 있어야 할 곳에 털이 없어 반반한 모양 예 나이가 들어 머리털이 맨송맨송 다 빠지다.

추가 표준어	현재 표준어	뜻 차이
바둥바둥	바동바동	바둥바둥: 덩치가 작은 것이 매달리거나 자빠지거나 주저앉아서 자꾸 팔다리를 내저으며 움직이는 모양. '바동바동'보다 큰 느낌을 준다. 예 중심을 잃고 팔을 바둥바둥 내젓다. 바동바동: 덩치가 작은 것이 매달리거나 자빠지거나 주저앉아서 자꾸 팔다리를 내저으며 움직이는 모양 예 어린아이가 땅바닥에 주저앉아 바동바동 발버둥을 친다.
새초롬하다	새치름하다	새초롬하다: 조금 쌀쌀맞게 시치미를 떼는 태도가 있다. 예 논개의 잔잔한 눈이 새초롬하게 미소를 풍겨서…… 새치름하다: 쌀쌀맞게 시치미를 떼는 태도가 있다. 예 최 사장의 짝이 새치름한 표정으로 이렇게 대꾸했다.
아웅다웅	아옹다옹	아웅다웅: 대수롭지 아니한 일로 서로 자꾸 다투는 모양. '아옹다옹'보다 큰 느낌을 준다. 예 본처와 시앗이 아웅다웅 살아가는 이야기 아옹다옹: 대수롭지 아니한 일로 서로 자구 다투는 모양 예 동생들은 매일 아옹다옹 싸우다가 꾸중을 들었다.
야멸차다	야멸치다	야멸차다: 자기만 생각하고 남의 사정을 돌볼 마음이 거의 없다. / 태도가 차고 여무지다. 예 흙일이라는 것은 이렇게 야멸차게 따지는 법이 없었다. 야멸치다: 자기만 생각하고 남의 사정을 돌볼 마음이 없다. / 태도가 차고 여무지다. 예 야멸치게 쏘아붙이다.
오손도손	오순도순	오손도손: 정답게 이야기하거나 의좋게 지내는 모양 예 오랜만에 만난 친구들과 오손도손 이야기를 나누었다. 오순도순: 정답게 이야기하거나 의좋게 지내는 모양. '오손도손'보다 큰 느낌을 준다. 예 오랜만에 만난 형제끼리 오순도순 얘기를 나누었다.
찌뿌둥하다	찌뿌듯하다	찌뿌둥하다: 몸살이나 감기 따위로 몸이 조금 무겁고 거북하다. 예 머리가 찌뿌둥하다. 찌뿌듯하다: 몸살이나 감기 따위로 몸이 조금 무겁고 거북하다. 예 몸살이 나려는지 몸이 찌뿌듯하다.
추근거리다	치근거리다	추근거리다: 조금 성가실 정도로 은근히 자꾸 귀찮게 굴다. 예 오늘은 바쁘니까 추근거리지 말고 너 혼자 가. 치근거리다: 성가실 정도로 자꾸 귀찮게 굴다. 예 열심히 일하는 사람에게 치근거리지 말고 일이나 잘하게.

③ 두 가지 표기를 모두 표준어로 인정한 것(3개)

추가 표준어	현재 표준어	해설
택견	태껸	'태껸'의 원말은 '택견'이라는 설이 있으나 언중들이 그 어원을 명확히 인식하지 못하고 있다고 보아서 어원을 밝혀 적기보다는 발음이 나는 대로 적는 쪽을 택해서 '태껸'이 표준어가 되었으나 '택견'도 인정됨
품새	품세	표준어로 인정된 표기와 다른 표기 형태도 많이 쓰여서 두 가지 모두를 표준어로 인정함
짜장면	자장면	중국어 'Zhajiangmian'의 외래어표기가 '자장면'이므로 '짜장면'이 아닌 '자장면'만 표준어로 인정하였으나 '짜장면'이 널리 쓰이는 실정을 감안하여 '짜장면'도 복수 표준어로 인정함

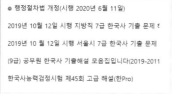

도서 구매자를 위한

시대 PLUS⁺
혜택

모두 다 아낌없이 줄게요!

All Free

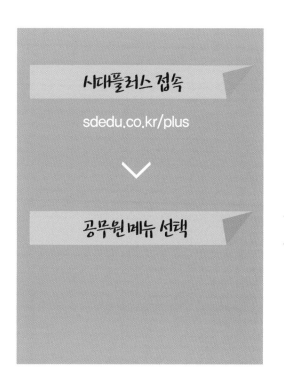

시대플러스 접속

sdedu.co.kr/plus

∨

공무원 메뉴 선택

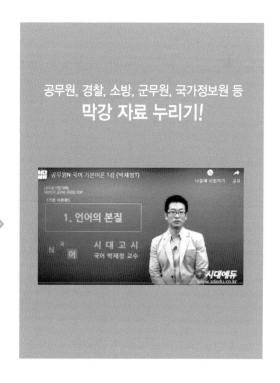

공무원, 경찰, 소방, 군무원, 국가정보원 등
막강 자료 누리기!

my TURN

올해 공무원은 바로 나야 나!

면접 시리즈

국가직 · 지방직 · 서울시 면접 완벽 대비

 My Turn 공무원 면접

경찰 면접 완벽 대비

 My Turn 경찰 면접

해양경찰 면접 완벽 대비

 My Turn 해양경찰 면접 · 적성

국방부 · 육군 · 해군 · 공군 면접 완벽 대비

 My Turn 군무원 면접

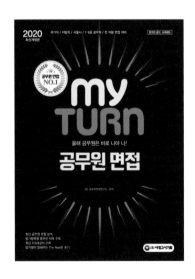